SOMBRAS DE IDENTIDADE

Tradução: Kathe Windmüller
Revisão e Notas: Nancy Rosenchan
Produção: Plinio Martins Filho

Gershon Shaked

SOMBRAS DE IDENTIDADE

Direitos reservados à
Associação Universitária de Cultura Judaica
Avenida Paulista, 726, 2.º andar
1988

EDITORA PERSPECTIVA S.A.
Av. Brigadeiro Luís Antônio, 3025
01401 — São Paulo-SP — Brasil
Telefones: 885-8388/885-6878
1988

SUMÁRIO

Introdução 7
1. Franz Kafka: Herança Judaica 9
2. *América* de Kafka e o Arquétipo do Judeu Errante 29
3. A Graça da Razão e a Desgraça da Infelicidade: Zweig e Roth — a Correspondência 43
4. Quão Judaico é um Romance Judaico-alemão? *Job, o Romance de um Pobre Professor*, de Joseph Roth 59
5. O Caso Wassermann 71
6. Transformações de *Shlemiel* na América — B. Malamud 89
7. Judas Iscariotes e o Dom Quixote Judeu — Saul Bellow ... 109
8. Retrato do Judeu como Jovem Neurótico — Philip Roth 123
9. A Intertextualidade e Agnon e o Seu Relato sobre as *Agunot* . 137

INTRODUÇÃO

A minoria étnica judaica, a comunidade religiosa, ou como quer que chamemos esta entidade, tem feito suas modestas contribuições à civilização ocidental. Alguns dos mais importantes heróis intelectuais de nossos tempos — Marx, Freud e Einstein — eram de origem judaica e deram sua valiosa contribuição à cultura ocidental. As áreas da filosofia, psicologia e física são universais e não dependem de nenhuma tradição lingüística local ou nacional. A literatura, porém, como arte da linguagem, não existe independendo de cor local, de um pano de fundo nacional e um determinado simbolismo tradicional.

Os judeus deram sua contribuição para diferentes literaturas nacionais e é quase supérfluo mencionar nomes como Kafka, Roth, Levy, Bellow, Malamud, Wassermann, Werfer, Babel, Memmi e muitos outros. Em 1966, o romancista hebreu Shmuel Yossef Agnon e a poetisa judaico-alemã Nelly Sachs receberam o prêmio Nobel de literatura. Desde então, três outros escritores judeus receberam este importante prêmio: Isaac Bashevis Singer, escritor *yiddish*-americano lido principalmente em inglês; Saul Bellow, escritor judeu-americano e Elias Canetti, escritor judaico-alemão que vive na Inglaterra. O fato de estes felizes eventos literários terem ocorrido e aquelas pessoas de origem judaica serem escritores talentosos nada prova. Poderíamos alegar que o vínculo ligando estes escritores entre si é o fato de terem nascido de pais judeus. Do ponto de vista literário este fato seria totalmente irrelevante.

A questão mais importante, todavia, é se podemos descobrir alguma estrutura subjacente não-verbal, comum a escritores criativos de diversas línguas e os assim chamados diferentes panos de fundo nacionais.

Colocada de outro modo, a questão é, se o fato de a tradição cultural destes escritores, ao originar-se de duas fontes — a herança judaica inserida na história social e a tradição literária ocidental —, teve alguma influência significativa nas suas realizações literárias. O fato de terem sido, algumas vezes, cultural e socialmente marginalizados em seus ambientes nacionais imediatos, devido à sombra de sua identidade judaica, é um fator importante em sua criatividade? A ansiedade social de uma minoria perseguida tornou-se, por exemplo, um elemento temático importante nestes textos?

Podemos também colocar estas questões a partir de um outro ponto de vista. Tomemos como ponto pacífico e como hipótese de trabalho que estas criaturas binacionais e bitradicionais chamadas escritores judeus em línguas européias realmente existam. Teremos que perguntar, então, o que é este elemento "judaico" na dupla identidade de sua arte? Como podemos localizá-lo e o que é que estaremos aptos a descobrir?

Podemos até perguntar se há algum sentido em analisar e ler sob um aspecto provincial e restritivo um autor como Kafka, a quem todas as nações e culturas aceitam como a mais importante figura da literatura moderna. O fato histórico e biográfico de ele ter nascido como membro deste ou daquele grupo minoritário (judeu entre alemães, alemão entre tchecos) o faz porta-voz daquela minoria ou faz os seus escritos correlativos objetivos que representam a vida e a mentalidade desta minoria? Haverá alguma particularidade judaica no seu impacto universal e qual seria a essência desta particularidade?

A mesma questão poderia ser levantada com relação a outros escritores nesta coletânea de ensaios. Escolhi três importantes escritores judaico-alemães — Kafka, Roth, Wassermann —, três judaico-americanos — Malamud, Bellow, Roth —, e por último um israelense — Agnon.

Como metodologia, meu ponto de partida foi basicamente uma teoria a respeito da reação de um certo tipo de leitor — um leitor judeu lendo textos judaicos e explicando suas estruturas e temas. O principal objetivo destes ensaios é compreender o que é judaico na literatura judaica em línguas européias.

Jerusalém, 1984.

1. FRANZ KAFKA: HERANÇA JUDAICA

I

"Em hebraico meu nome é Amshel, igual ao do avô materno de minha mãe. Quando ele morreu, minha mãe tinha seis anos de idade e lembra-o como um homem muito piedoso e sábio, com uma longa barba branca. Lembra-se de como teve que segurar os dedos dos pés do cadáver e pedir perdão de alguma ofensa que talvez tivesse cometido contra o avô. Ela também lembra dos muitos livros que guarneciam as paredes. Ele se banhava todos os dias no rio, mesmo no inverno quando quebrava a superfície do gelo para tomar seu banho"[1].

"Em criança, com a sua aprovação, eu me recriminava por não ir à sinagoga com maior freqüência, por não jejuar, e assim por diante. Eu achava que, deste modo, eu punia a você e não a mim, e me impregnava de um sentimento de culpa que, naturalmente, estava sempre de prontidão. Mais tarde, como jovem adulto, não consegui compreender como, com o insignificante resto de judaísmo de que você mesmo dispunha, você me recriminava por não fazer um esforço (por amor à devoção ao menos, como você o formulava) de apegar-me a um resto igualmente insignificante. Era, na realidade, pelo que eu julgava, um

---

1. BROD, Max (editor), *The Diaries of Franz Kafka*, New York, Schoken, 1948, vol. I. Há uma edição brasileira: *Diários*. Trad. Torrieri Guimarães, São Paulo, Exposição do Livro, (s.d.).

mero nada, uma brincadeira — nem mesmo uma brincadeira"[2].
"O que é que eu tenho em comum com os judeus? Não tenho quase nada em comum comigo mesmo. Eu deveria ficar bem tranqüilo no meu canto, satisfeito em poder respirar"[3].

Estas três citações esclarecem importantes aspectos do relacionamento de Kafka com o judaísmo. Apesar da profunda aversão por sua educação judaico-burguesa, ao estilo ocidental, Kafka sempre se sentiu como judeu. Repugnava-lhe o farisaísmo dos judeus ocidentalizados, enquanto o atraía a reverente fé do judaísmo europeu-oriental. Em seus diários e obras documentárias, ele se refere muitas vezes à sua identidade judaica. Estes textos também revelam que alguns de seus amigos como Samuel Hugo Bergman, Max Brod e Felix Weltsch, eram sionistas militantes. Explicam ainda a profunda impressão que lhe causaram certos judeus como Löwy com seu elenco de teatro iídiche. Estava sempre disposto a melhorar seu fragmentário conhecimento do judaísmo. Com esta finalidade, estudou a *História Judaica*, de Heinrich Graetz (*Diários*, 1911) e a *História da Literatura Iídiche*, de Meyer Pines (*Diários*, 1912). Copiava trechos inteiros do Velho Testamento referentes a personagens bíblicas como Isaac, Abimeleque, Abraão e Moisés. Às vezes os trechos aparecem transformados de modo a sugerir a intenção de usá-los como estruturas básicas para reinterpretações bíblicas. E, de fato, Kafka usava com freqüência mitos em seus contos, como em *Posseidon* e *O Escudo de Armas*, que descreve a construção da Torre de Babel.

Os *Diários* também refletem seu interesse para com os judeus devotos do Leste europeu, como por exemplo seus encontros e experiências com diferentes *hassidim** oriundos de vários grupos e cortes rabínicas (*Diários*, 1912, 1915; *Cartas a Felice*, 1913) fazendo observações sobre aspectos da prática religiosa destes judeus ortodoxos que lhe pareciam estranhos. Sente-se, por vezes, um tom irônico nestas descrições. Em geral, no entanto, as observações dão a im-

---
2. KAFKA Franz, *Letter to his Father*, New York, Schoken, 1953, pp. 75-77. Exposição do Livro, 1964; Trad. Osvaldo da Purificação, Nova Editorial, (s.d.).
3. KAFKA, Franz, *Letters to Felice*, London, Secker & Warburg, 1967.

* *Hassidim*: plural de *hassid*, pio, beato, adepto do *Hassidismo*, movimento religioso místico dos judeus da Europa Oriental, fundado no século XVIII.

pressão de uma coleta de material para um romance judaico-naturalista ou possivelmente folclórico. Kafka considerava certos aspectos da vida judaica do Leste europeu, tais como a circuncisão, o banho ritual, os seminários talmúdicos que ele chamava de "Yeschivá", e os rabinos hassídicos, como excentricidades que lhe abriam perspectivas para um mundo novo e lhe excitavam curiosidade.

Um trecho dos *Diários* é um exemplo, entre muitos, desse interesse irônico, um tanto jocoso:

> "O costume de, logo ao acordar, molhar os dedos três vezes na água, pois os maus espíritos assentaram-se durante a noite na segunda e terceira articulações dos dedos. A explicação racional: evitar que os dedos toquem no rosto, visto que, descontrolados durante o sono e os sonhos, poderiam ter eventualmente tocado qualquer parte do corpo como as axilas, os genitais..."

Kafka comenta nos mínimos detalhes os costumes e comportamentos hassídicos determinados pela superstição, embora sua própria explicação "racional" também seja bastante irracional. Estes estudos preliminares, que mais parecem ensaios para um romance folclórico, serviriam também como explicação da espantosa contradição entre Kafka, o homem, e Kafka, o artista. Em seus diários e cartas Kafka era presa de uma quase mórbida curiosidade pelo cômico e enigmático mistério do judaísmo ortodoxo, enquanto nas obras ele quase nunca se ocupou com este assunto.

É surpreendente a falta de temas declaradamente judaicos na obra de Kafka, considerando que seus interesses, em termos judaicos, foram muito além da velha tradição, cultura, religião e culto ortodoxo. Tinha também um bom conhecimento da literatura hebraica e iídiche e estava familiarizado com as obras de Scholem Aleichem, Yitzhak Leibe Peretz e Scholem Azich (*Diários,* 1911; *Cartas a Felice,* 1916). Durante os últimos anos de sua vida ele leu, com a ajuda de sua professora de hebraico, Puah Menczel, as obras de Yossef Chaim Brenner, um dos mais conhecidos autores hebraicos de sua época. Conforme seu próprio testemunho, ele leu trinta e duas páginas do romance *Exortação e Fracasso*[4], sem grande entusias-

---

4. No original *Schehol Vekischalon,* Tel Aviv, Hakibutz Hameuchad.

mo. Esforçou-se portanto em travar conhecimento com o mundo judaico. Embora tenha sempre permanecido um estranho, era um estranho comprometido, familiarizado com os autores de línguas hebraica e iídiche, seus contemporâneos.

Sua atitude para com a vida social e política dos judeus também era ambígua. Seus melhores amigos e sua última amante e confidente, Dora Diamant, eram sionistas. Sentia-se, às vezes, atraído pelo sionismo, tanto que chegou a cogitar de uma viagem para a Palestina (*Cartas a Robert Klopstock*, 1921; *Else Bergmann*, 1923; *Diários*, 1912). Por outro lado, nunca quis se comprometer com uma ideologia específica e, na realidade, rejeitava certos aspectos do sionismo, pois não se achava apto, por temperamento, a assumir um compromisso bem definido.

Emocionalmente, sempre permaneceu alheio àquele mundo. A citação numa carta a Felice é um claro exemplo de sua atitude ambígua para com o sionismo:

> "Encontrei-me então com um conhecido, um estudante sionista muito sensato, perspicaz, ativo e amável, mas que possui, ao mesmo tempo, um grau de auto-segurança que eu acho extremamente perturbador. Ele pára e me convida para uma reunião especialmente importante à noite (quantos convites semelhantes já não me foram dirigidos inutilmente no decorrer dos anos!). Naquele exato momento minha indiferença para com a sua pessoa ou por qualquer forma de sionismo torna-se imensa e impossível de exprimir" (*Cartas a Felice*, 1913).

Embora Kafka tenha ridicularizado por vezes os judeus do Leste europeu, sua atitude em relação a eles era mais positiva do que para com o sionismo. Invejava sua ingenuidade e respeitava-os como uma comunidade religiosa autêntica, imbuídos da verdadeira fé em Deus, com um senso comunitário incompreensível para um judeu assimilado como ele mesmo o era. O trecho extraído de uma carta a Max Brod mostra o quanto Kafka odiava seu próprio grupo social, dos assimilados judeus ocidentais:

> "Muitos jovens judeus que começaram a escrever em alemão queriam deixar o judaísmo e seus pais o aprovavam vagamente. Este vagamente é que era um ultraje a

eles. Apesar do salto posterior, eles ainda estavam ligados ao judaísmo dos pais e com a vacilação do salto não encontraram um novo solo. O desespero resultante tornou-se sua fonte de inspiração" (*Cartas*, 1921).

No restrito espaço deste ensaio é impossível tratar, nem ao menos arrolar, todas as nuanças do relacionamento kafkiano com o judaísmo. Uma análise exaustiva do assunto excederia o seu escopo e, na realidade, justificaria um ensaio por si só. Dentro do contexto, só quero enfatizar o fato de que as cartas e os diários de Kafka, durante um período de vários anos, revelam uma constante preocupação com o universo judaico e seus problemas. Eles chegam a constituir o foco central de sua vida pessoal e intelectual.

II

Como vimos, há uma flagrante discrepância entre as cartas e os diários de Kafka, que revelam uma intensa preocupação com o judaísmo, e seus romances e contos que se ressentem da falta de qualquer conteúdo judaico. Personagens como Gregor Samsa, Karl Rossmann, Joseph K. e K. não podem ser considerados judeus, nem mesmo no nome. O romance *América*[5] beira mais ao realismo do que qualquer outra de suas obras. As personagens, assim como seus nomes, são universais. Incluem alemães (Rossmann, Brunelda, Therese Berchtold, Grete Mitzelbach e Pollunder); americanos (Mac, Green); húngaros (o garçom Isbary); russos (o porteiro Feodor); irlandeses (Robinson); franceses (Delamarche, Renell); eslavos (Schubal) e italianos (Giacomo). O estudante Mendel que aparece no sétimo capítulo é o único portador de um nome judaico, embora esse seja seu único traço semita. Ao que parece, toda a Europa foi "exportada" para o romance que sob este aspecto pode ser considerado euro-americano, mas certamente nunca judaico. É estranho que Kafka nunca tenha usado o material folclórico e religioso que ele colecionou com tanto afinco em seus diários e permanece a sugestão que ele tenha

---

5. As obras de Kafka têm diversas traduções.

levado uma "vida dupla". De acordo com seu próprio testemunho, ele era um judeu muito consciente em sua vida diária, tentando corresponder à imagem de Amshel, seu bisavô. Em suas obras, no entanto, ele reprimiu completamente o mundo de seus ancestrais. Numa época quando autores como Jakob Wassermann em *Os Judeus de Zirendorf,* Arthur Schnitzler em seu *O Caminho para a Liberdade,* Stefan Zweig em *Jeremias* e outros judeus muito menos conscientes escreviam romances e dramas assim chamados "judaicos", a obra de Kafka era praticamente desprovida de judeus.

III

Ainda assim, houve numerosos críticos, entre eles Max Brod, Hannah Arendt, M. Fürst, W. H. Sovel, H. Pongs e Walter Jens, que tentaram interpretar a obra de Kafka no contexto do judaísmo. A maioria destas interpretações são possíveis simplesmente porque os textos de Kafka são amplamente ambíguos, abertos e freqüentemente alegóricos. Max Brod, por exemplo, sintetiza seu ponto de vista sobre a judaicidade de Kafka ao escrever: "Kafka deve ser compreendido como um renovador da velha religiosidade judaica que solicitava o homem em toda a sua integridade: a ação e a decisão éticas do indivíduo no mais recôndito de sua alma"[6].

Sokel, defendendo um outro ponto de vista, afirma: "O que fascinava Kafka no judaísmo era, sobretudo, ao que parece, a união de idéias normalmente contraditórias... o ideal do ascetismo radical, da castidade e da pureza, de um lado, e o ideal da vida familiar e da continuidade das gerações, de outro. Kafka procurou obedecer a ambos os ideais e foi dilacerado neste conflito"[7].

É duvidoso que a "ação ética do indivíduo" ou o "ascetismo e a vida familiar" possam ser chamados de traços característicos do judaísmo. Do mesmo modo, é improvável que possam ser vistos como características da vida e obra de Kafka. As tentativas de inter-

---

6. BROD, Max, *Kafkas Glauben und Lehre,* Mondial, 1948, pp. 81-82.
7. SOKEL, W. H., "Franz Kafka as a Jew", in *Leo Baeck Institute Year Book,* XVIII, 1973, p. 238.

pretação da obra kafkiana do ponto de vista da teologia e ética judaicas nem sempre são convincentes. Interpretações baseadas em arquétipos e na sociologia da literatura, por outro lado, parecem bem mais convincentes. Hannah Arendt, por exemplo, argumenta que a obra de Kafka sugere o fracasso das tentativas judaicas de assimilação e Pongs descobre nela o arquétipo de Ahasverus *, o judeu errante. Ambas as interpretações podem ser reforçadas, estabelecendo-se analogias entre os textos autobiográficos e os contos e romances e tentam desvendar uma estrutura mais profunda subjacente à superfície do texto.

Considerando o significativo papel que o judaísmo e os temas judaicos desempenham na vida cotidiana de Kafka e na sua cosmovisão, como o refletem os diários e as cartas, é razoável presumir que estas preocupações também se fariam presentes de algum modo nos seus textos literários. Podemos, de fato, assumir que estes problemas judaicos, sociais e psicológicos, sofreram um processo de repressão, reaparecendo transfigurados nos textos literários. Nossa tarefa, portanto, é achar um método para obter uma introvisão da maneira pela qual Kafka elabora sua experiência judaica.

IV

O método genético-estruturalista de Lucien Goldmann pode servir como base de onde iniciar esta pesquisa. A hipótese fundamental de Goldmann é que "o caráter coletivo da criação literária deriva do fato de que as estruturas do universo da obra são homólogas às estruturas de certos grupos sociais". Todavia, "a reprodução do aspecto imediato da realidade social e a consciência coletiva presente na obra é, em geral, mais freqüente quando o escritor possui menos poder criativo e se contenta em relatar sua experiência pessoal sem transfigurá-la"[8].

---

* *Ahasverus:* nome aplicado, freqüentemente, na lenda cristã ao judeu errante.

8. GOLDMANN, Lucien, *A Sociologia do Romance*, trad. Álvaro Cabral, Rio de Janeiro, Paz e Terra, 1967, p. 208.

Kafka foi um dos maiores escritores do século, enfatizado pelo fato de que ele usava menos "aspectos imediatos da realidade social" que a maioria de seus contemporâneos. Ele transfigurava o universo social mas, a homologia da estrutura de suas obras com a estrutura social, isto é, com a consciência coletiva de um grupo, ainda existe, embora a estrutura dos textos não possa ser traduzida em termos sócio-econômicos.

A característica mais óbvia do mundo fictício de Kafka é a falta de ambientação temporal ou local. Seu mundo se situa além da história e do local: tempo e espaço relacionam-se com o próprio mundo fictício, sem referências extraficcionais. As informações sobre lugar e tempo não podem ser referidas a nenhum objeto significativo — são abstrações. A vida das personagens é restrita ao mundo da ficção que, para o leitor, permanece um reino utópico, mesmo quando descrito em detalhes. Isto também se aplica a *América* onde os contornos dos objetos significados parecem borrados de modo que o espaço do continente americano se torna irreal e o tempo histórico não é delimitado. O mundo de Kafka é universal: não existe nacionalidade, nem história e sua geografia é incerta. Sem entrar em maiores detalhes, podemos afirmar que a obra de Kafka se comunica pela semiótica cultural centro-européia, incluindo detalhes como roupas, comportamento afetivo, burocracia e convenções. Mesmo estes signos, no entanto, são aplicados de modo muito errático. O método homológico seria útil para tentar compreender este mundo onde Kafka criou o homem sem história, o homem que vive fora de tempo e espaço, obrigado a sentir-se em casa em todo lugar, não se sentindo seguro em nenhum deles. Esta dimensão fora da história, sem lar, parece-me homóloga à consciência coletiva dos judeus na Diáspora. O judeu assimilado afrouxou seus laços com a comunidade judaica mas nunca foi aceito nem admitido na sociedade européia. Ele foi seccionado no mundo da Lei sem deitar raízes em nenhum outro lugar. Kafka chamava a isto de ausência de "terra firme judaica" (*Carta a Brod*, 1922). A homologia aponta para a consciência destes judeus desenraizados e isolados que, apesar de sua solidão, formavam, na realidade, um grupo próprio. O espaço sem nome, tempo sem história, são análogos à situação dos judeus na Diáspora, expulsos da segurança dos rituais religiosos e do espaço do *schtetl** para existência sem tempo e sem espaço.

Walter Jens descreve a imagem kafkiana de espaço como "um mundo de Chagall, o cenário do folclore judaico aparecendo diante dos olhos do leitor"[9]. A descrição não me parece correta. É difícil equacionar o abstrato mundo de Kafka com os folclorísticos símbolos judaicos de Chagall. Tivesse Kafka usado o material coletado em seus diários, ele poderia ter criado um mundo chagalliano mas, enquanto o Leste europeu do *schtetl* foi para Chagall uma autêntica reminiscência de sua juventude, representava para Kafka o estranho mundo de seu bisavô que o atraía e repelia simultaneamente, no qual, no entanto, ele nunca conseguira se integrar. O mundo fictício atemporal e espacialmente indefinido não só é homólogo à consciência coletiva do judaísmo na Diáspora, mas as situações fundamentais dos enredos correspondem à condição judaica no exílio. Isto se aplica com especial propriedade aos episódios de Karl Rossmann, protagonista do romance *América*. Expulso de casa sem culpa de sua parte, ele emigra para a América que é mais um símbolo do que um país real e mesmo lá ele não encontra a paz, nem um lugar ao sol. O tema fundamental do romance é a maldição do exílio: expulsão, migração, procura de um abrigo seguro, sentimentos de culpa, acusações, nova expulsão e migração. O protagonista é a vítima inocente irremediavelmente atraída àqueles que a perseguem e dominam. A homologia social é bastante óbvia: a eterna migração sem objetivo é a essência da Diáspora não redimida.

Esta homologia é mais óbvia ainda em *O Processo*. As perguntas que a personagem principal se coloca desde o início e, por extensão, o leitor, correspondem sempre à condição social e mental do judeu. As dúvidas fundamentais do romance o confirmam: Por que este "europeu" está sendo perseguido? De que ele é culpado? Por que este homem inocente aceita a pesada carga da culpa e suas conseqüências? Por que, na realidade, ele vai a julgamento? Por que ele se sujeita a essa arbitrariedade?

Tudo isso aponta de novo à analogia do destino judaico. Perseguição despersonalizada, sem fundamento, criada muitas vezes de

---

* *Schtetl*: cidadezinha, em língua iídiche. Referência aos pequenos aglomerados semi-urbanos onde viveram os judeus da Europa Oriental.
9. JENS, W., *Ein Jude Namens Kafka, Statt einer Literaturgeschichte*. Neske, Pfullingen, 1957-62, p. 267.

um vago sentimento de culpa, de autoflagelação, típico dos judeus europeus ocidentalizados. *O Castelo* é outra das obras que foram interpretadas sob este prisma. Pongs, por exemplo, traça tal comparação: "O agrimensor K. que tem de 'criar' primeiro terra, ar e lei, antes que possa medir e analisar, tem muito do judeu errante que K. sentia em si mesmo"[10]. É possível, ainda, interpretar o agrimensor como um moderno Ahasverus, como mais um aspecto do mencionado problema judaico. A formulação da pergunta e o mistério do romance apontam, pela sua analogia, para a condição judaica. Por que este homem nunca é recebido no castelo, nem admitido na comunidade da aldeia? Por que ele é condenado à vida de um pária? Por que tem de lutar pela permissão de ficar na aldeia? Por que só pode abordar as autoridades com rodeios, de modo indireto? Ele é rejeitado pela sociedade porque é "diferente", mas foi a sociedade que o diferenciou. Quando Max Frisch conferiu origem judaica a seu protagonista em *Andorra,* ele cometeu "traição artística" com seu tema, no qual o problema do judeu nunca aceito pela sociedade onde ele se insere é representado de modo abstrato, nunca chamado pelo nome, ficando aberto a interpretações metafísicas e amplamente psicológicas. Basicamente, porém, a situação descrita nos romances kafkianos corresponde à dos judeus da primeira metade do século XX.

Conforme já mencionado, Kafka transforma, transpõe e reprime a situação psicológica. Emigração, a luta por permissão de residência, a eterna peregrinação, perseguição e sentimentos de culpa são típicos da condição psicossocial do grupo judaico. Embora a transformação desta realidade social externa tenha aprofundado o sentido do mundo ficcionado e possibilitado outras interpretações, a existência de um relacionamento análogo com a experiência judaica real não pode ser negada.

---

10. PONGS, H., *Franz Kafka, Dichter des Labyrinths*, Heidelberg, 1960, p. 83.

V

Abordando o tema de Kafka e o judaísmo sob um aspecto totalmente diferente, perguntamo-nos: De que modo autores israelenses receberam Kafka e como o compreenderam? A análise abrangerá três gerações de autores israelenses. A primeira geração são os contemporâneos de Kafka que o leram — se é que o leram — no original, em alemão.

Yossef Chaim Brenner, que foi lido por Kafka, conforme já mencionamos, no original hebraico, nasceu em 1881 em Novaya Meliny na Ucrânia. Emigrou para a Palestina em 1909 após viver por algum tempo na Galícia polonesa e na Inglaterra. Foi assassinado em 1921. Os dois escritores vieram de ambientes sociais completamente diferentes: Kafka da burguesia judaica assimilada do Oeste europeu; Brenner do proletariado ortodoxo judeu do Leste da Europa. Brenner rebelou-se contra seu mundo, enquanto Kafka sentia-se profundamente atraído a esse mesmo mundo tão remoto de sua verdadeira experiência. As personagens de Brenner são geralmente fracas e impotentes. Migram das pequenas cidades do Leste europeu para as grandes metrópoles; do Oriente para o Ocidente, da Europa para a Palestina ou a América. O local muda mas não o caráter fundamental dos migrantes. Não importa aonde cheguem, mesmo na Palestina, ficam desamparados e desenraizados. O título do romance de Brenner sobre a Palestina, lido por Kafka em 1923 — *Desilusão e Fracasso* — já indica seu conteúdo. Suas personagens falham no nível existencial assim como no ideológico, fracassando tanto no ideal sionista como no pessoal, continuando desarraigadas, alienadas e amedrontadas. Esta repetitiva estrutura social de esperança frustrada ou emigração mal-sucedida, achou uma expressão adequada na obra de Brenner. Tecnicamente não há semelhança literária entre as obras de Brenner e as de Kafka. Kafka foi um grande surrealista e Brenner somente um razoável realista. As estruturas básicas de suas obras também são diferentes. Brenner nunca deixa o terreno seguro da realidade. O hebraico não era falado ainda naquela época, mas somente uma língua literária, entretanto, sua linguagem e o mundo que ele descrevia eram firmemente ancorados na realidade. Como a futura língua de uma nova sociedade, o hebraico já tinha capacidade para a descrição sucinta da realidade social.

O mundo de Kafka, ao contrário, é estático e eterno, representando uma espécie de perenidade da situação da Diáspora, enquanto Brenner, não importa seu desespero, acreditava na possibilidade de mudar sua condição. Kafka também foi às vezes um sionista consciente, mas as suas obras nunca refletiram a fé no futuro sionista ou a possibilidade de mudar a condição judaica.

Embora os escritores israelenses tivessem dúvidas, acreditavam no sentido mais profundo da história. O messianismo secular era uma solução viável para eles e estavam convencidos de que o grupo nacional judaico tinha o direito de exigir para si um lugar na História e um espaço para realizá-lo. Embora as personagens de Brenner sejam perseguidas e atormentadas por sentimentos de medo, culpa e perseguição, bem como as de Kafka, seus problemas ainda se definem e podem ser solucionados dentro de limites de tempo e espaço. As diferenças entre Kafka e a maioria dos contemporâneos escrevendo em hebraico parecem mais numerosas do que as semelhanças.

Isto também se aplica ao Prêmio Nobel israelense de literatura em 1966 — Schmuel Yossef Agnon. Agnon nasceu em Buszacz, na Galícia, em 1888, o que o faz cinco anos mais jovem que Kafka. Assim como este, ele era súdito da monarquia austro-húngara dos Habsburgos, falando alemão tão bem quanto iídiche. Seus anos de formação ele os passou como jovem imigrante na Palestina de 1908 a 1913 e na Alemanha de 1914 a 1924. Morreu em Jerusalém em 1970 e pode ser considerado como o mais importante escritor hebreu moderno. Criou um estilo próprio e uma técnica narrativa extremamente original que representa uma contribuição insólita para a forma da ficção moderna. Ele provavelmente leu Kafka no original alemão, embora já houvesse traduções hebraicas das obras desde 1924. De 1930 em diante, as obras de Agnon tornaram-se cada vez mais surrealistas, de modo a numerosos críticos, tais como Baruch Kurtzwel, Gabriel Moked e Hilel Barzel compará-lo a Kafka, embora ele mesmo sempre o tenha negado. A maioria de suas personagens são judeus que perderam a fé, em busca desesperada de Deus e de uma crença verdadeira. Agnon usou o estilo "antiquado" dos sábios, criando um contraste irônico entre forma e conteúdo. A ambientação fundamental de seus textos é bastante semelhante à das obras de Kafka. A discussão de duas de suas obras, o romance *Hóspede por uma Noite*[11] e sua novela *Até Aqui*[12] tentará elucidar esta semelhança.

Hóspede por uma Noite, escrita antes de 1939, profetiza a destruição do judaísmo europeu. Descreve, na década de 1920, a sutil decadência da comunidade judaica de Szybuscz na Galícia polonesa. Agnon retrata o destino coletivo da pequena cidade, contando a estória das vidas de vários indivíduos. Cada habitante de Szybuscz tem um destino próprio que, no entanto, é determinado pelo destino da comunidade. A guerra mundial, que acaba de chegar ao fim, pesa muito na vida diária do povo, mas o futuro também é uma fonte de muita ansiedade e incertezas. Construído ao redor de vidas individuais, o romance é fragmentário e a coerência é suprida pelo destino coletivo da cidade e pela perspectiva unificadora do narrador-testemunha de volta da Palestina à sua cidade natal. A forma do romance procura exprimir a impossibilidade de um enredo convencional — num mundo onde o homem é a vítima indefesa de forças esmagadoras. As visões de terror e os pesadelos descritos no romance representam uma premonição da catástrofe iminente, um símbolo do triste destino de uma geração enfrentando a extinção. Agnon é inquestionavelmente o mestre da estrutura da dissolução, da decadência e da exaustão da vida do *schtetl*. Seu ponto de partida é a situação dos judeus. A atmosfera também se assemelha tanto à das obras de Kafka que é viável assumir que Agnon tenha sido, possivelmente, influenciado por ele. Trataremos mais adiante das diferenças entre os dois magistrais escritores.

A novela *Até Aqui* também acusa certa semelhança com as obras de Kafka. Relata a história da vida de um poeta solitário e celibatário, contada por ele mesmo. Descreve o período da Primeira Guerra Mundial em Berlim e Leipzig onde o poeta tenta salvar velhos livros. Testemunha a atividade de especuladores e a angústia de pais que perderam os filhos na guerra. Ele mesmo leva para casa o filho de sua senhoria, gravemente ferido. Estrangeiro num país suicida, ele é tocado de um quarto de aluguel para o outro. A estrutura básica do conto é migração e incerteza. Embora a personagem principal pareça ser um homem sem lar e sem pátria, ele veio da Palestina e é para lá que voltará no fim, por obra de um deus *ex*

---

11. No original *Oreach Nata Lalun,* Jerusalém, Schoken, 1939.
12. No original *Ad Hena,* Jerusalém, Schocken, 1952.

machina. É a história de um homem aparentemente sem lar, ambientada diante da perspectiva de um refúgio seguro. O trecho abaixo mostra o estilo e a técnica da novela:

> "Ainda assim, eu adormeci e cochilei. De onde, no entanto, tirei a noção de ter adormecido? Do sonho que sonhei. O que foi que eu sonhei? Sonhei que havia uma grande guerra no mundo e que eu tinha de ir lutar. Jurei por Deus que se eu voltasse são e salvo dessa guerra, eu ofereceria em sacrifício o primeiro ser que eu encontrasse em frente à minha casa. Voltei são e salvo e, veja só, encontrei a mim mesmo" [13].

O trecho é uma triste paródia do conto bíblico da filha de Jefté. O grotesco da reinterpretação reside no fato de que nesta guerra não há verdadeiros sobreviventes. Os vivos, assim como os mortos, são vítimas de uma situação impessoal. O trecho citado representa o tema central, não só da novela, mas também do romance já mencionado. A estrutura onírica é típica de Agnon. O narrador abandona a descrição do espaço real e do tempo histórico dando sua interpretação do mundo exterior por meio de seus sonhos. O sonho desempenha uma função metafórica comentando a realidade do ponto de vista de uma visão interior. A profunda ansiedade e o enredo das andanças de um personagem desarraigado, assim como a técnica do deslocamento — a técnica do sonho — também sugerem semelhança entre Agnon e Kafka. As diferenças, no entanto, ainda são maiores que as semelhanças. Enquanto Kafka descreve seu abstrato mundo universal de modo concreto e detalhado, Agnon, em suas obras surrealistas, transfigura seu mundo concreto e histórico. A comparação de Jens com Chagall aplica-se, portanto, mais à estrutura de Agnon do que à de Kafka. Agnon não precisa fazer anotações sobre folclore e mitos do cotidiano da vida e cultura judaicas; eles fazem parte de sua herança cultural. Alusões mitológicas ou lendárias como no caso da filha de Jefté representam os símbolos coletivos de seu povo. Ele lamentava a decadência do *schtetl* e descreveu o novo universo de um modo grotesco, sem, no entanto, nunca abandonar o sólido terreno da história e cultura judaicas. Suas persona-

---

13. *Até Aqui*, p. 76.

gens estão inseridas na linguagem cultural das alusões e citações das escrituras sagradas do judaísmo. Embora seu mundo e sua época pareçam ateus, Deus está, por assim dizer, inserido na sua linguagem. Embora prevaleça o desespero em primeiro plano, no pano de fundo continua pairando uma sombra de esperança. Nas duas obras em discussão, o narrador abandona o plano histórico — o *schtetl* ou a Alemanha, ambos amaldiçoados — para refugiar-se na Terra Prometida, onde é possível a solução da miséria existencial.

Do mesmo modo, os *Contos Israelenses* de Agnon não são ingênuos ou particularmente otimistas. Também neles, os sonhos e as ideologias das pessoas fracassam, mas no fundo existe a diferença de uma alternativa histórica. A atitude de Agnon para com a história é essencialmente positiva, embora possa ser considerada como ambígua.

Kafka transformou a condição judaica numa nova forma de arte. Ele transformou a necessidade de ficar por fora da História na virtude do absoluto, abrindo assim esta contingência às mais variadas interpretações. Agnon, por outro lado, ficou preso ao judaísmo, fazendo desta necessidade uma virtude e criando a possibilidade de um valioso relacionamento intertextual entre sua obra e todo o tesouro da cultura judaica. Kafka criou literatura universal enquanto Agnon é o integrador da literatura judaica, desde a Bíblia e o Talmude até os dias de hoje.

VII

Conforme já mencionamos, havia traduções das obras de Kafka em hebraico desde o ano de 1924. A geração mais jovem de autores israelenses — se é que as leu — seria na tradução hebraica ou inglesa. Para os escritores nascidos em Israel na década de 1920, Kafka era um enigma, embora alguns não o tenham somente lido mas também imitado. Não conseguiram, porém, estabelecer um relacionamento realmente íntimo com a obra, visto que para eles, local e história, assim como espaço e tempo, eram de importância primordial. Além do mais, preocupava-os muito mais sua vida em Israel do que o passado judaico na Diáspora, com o qual tinham uma atitude ambivalente. Detestavam aquilo que consideravam as características típicas do judaísmo da Diáspora: ansiedade, paranóia, medo da autoridade, eterna peregrinação. Esta atitude foi o resultado da nova educação israelense que se impôs como tarefa a reformulação da mentalidade e a mudança radical da vida judaica. Seu lema era: gente nova em terra antiga. Era mínima a possibilidade da compreensão de Kafka em tal ambiente social, o que pode ser julgado pelos temas mais representativos de obras do período. Os escritores mais importantes daquela geração eram S. Yizhar, nascido em 1916 e M. Schamir nascido em 1921. O último escreveu um romance heróico — *Rei de Carne e Osso*[14] que serve de exemplo como ficção histórica do tempo dos hasmoneus. O herói do romance — usando a palavra herói no sentido bem consciente — é o cruel rei e conquistador Alexandre Yanai. A personagem é tratada de modo bastante crítico, embora ele e seus antagonistas sejam retratados como heróis românticos. Os irônicos anti-heróis kafkianos representam, obviamente, a antítese virtual destas personagens. Enquanto Kafka exprimia o desespero pós-nacionalista do século XX, as obras de Schamir são permeadas de um tardio nacionalismo pós-romântico que encontramos em outras literaturas no início do século XIX. Espero que estas poucas observações sejam suficientes para mostrar que a típica atitude sociológica e psicológica dificultavam à primeira geração de escritores nascidos em Israel compreender e assimilar a obra de Kafka. Suas obras foram, no entanto, importantes para a nossa compreensão da influência que Kafka teria sobre gerações posteriores de autores israelenses.

Em fins da década de 1950 Israel passou por uma revolução espiritual. Importantes fatores sociais mudaram o ânimo e as atitudes mentais não só das elites, mas também de grandes segmentos da juventude. Sem querer abordar as causas desta reviravolta, um de seus sintomas foi a emergência de uma nova geração no cenário literário israelense. Havia, entre os escritores, também sobreviventes do Holocausto que tinham chegado a Israel somente após a Segunda Guerra Mundial e estavam, obviamente, marcados pelo seu terrível passado. Seu constrangimento, assim como sua atitude para com o judaísmo e a vida em Israel eram completamente diferentes da gera-

---

14. No original *Melech Bassar Vadam*, Tel Aviv, Sifriat Poalim. Existe uma edição brasileira: *Rei de Carne e Osso*. Trad. J. Guinsburg e Alberto Guzik. São Paulo, Perspectiva, 1971.

ção anterior e também influenciou os autores da geração nascida em Israel. Ao contrário dos autores que os precederam, sua vida não se estribava mais numa determinada base existencial e ideológica. Eles abalaram a fé ingênua e coletiva no Estado. História, espaço e tema, assim como judaísmo não eram mais tópicos claramente definidos. Seu ceticismo, incerteza e sentimento de falta de segurança pavimentaram o caminho para uma nova avaliação de Kafka.

A influência do Holocausto para uma nova compreensão de Kafka, obviamente, não se restringe à literatura israelense. Visões de perseguição, acusação e vagos sentimentos de ansiedade não pertenciam mais ao âmbito onírico mas tinham se tornado realidade. A própria história outorgou à obra de Kafka um sentido realista, transformando seu "surrealismo" em realismo. É como se as lacunas de seus textos tivessem se preenchido com esta monstruosa experiência coletiva. Leitores em todo o mundo vêem hoje estas obras como profecia de eventos históricos. Paradoxalmente, Kafka achou seu caminho de volta à história que acabou por tornar-se mais grotesca e surrealista do que os pesadelos de sua ficção.

Neste contexto, é preciso mencionar dois jovens escritores israelenses particularmente influenciados por Kafka. Um deles é sobrevivente do Holocausto, enquanto o outro é nascido em Israel. Ambos estão conscientes de terem sido influenciados por Kafka.

Appelfeld, nascido em 1932, em Tchernowitz, na Bucovina, passou a Segunda Guerra Mundial com todas as suas atrocidades na Transniestria* vindo para Israel em 1947. Sua primeira coleção de contos, que leva o sugestivo título de *Fumaça*[15], foi publicada em 1962, seguida de um número de contos, novelas e romances, alguns traduzidos para várias línguas européias. Appelfeld sabe da profunda influência adquirida de Kafka mas, não obstante, seu largo uso de alegorias, como no conto "Badenheim 1939"[16], suas obras sempre revelam consciência de tempo e espaço. Suas personagens são

---

* Campo de trabalho na Romênia.
15. No original *Aschan*, Jerusalém, Y. Marcus, 1962.
16. Publicado com o mesmo título, no original, na revista *Ariel*, Jerusalém, n. 35, 1974. Há uma tradução para o português in BEREZIN, R. (org.), *O Novo Conto Israelense*, São Paulo, Símbolo, 1978. Uma versão mais longa com o título *Badenhein, Cidade de Veraneio* foi publicada na revista *Siman Kriá*, Tel Aviv, n. 3-4, 1975. A tradução desta versão foi publicada pela Ed. Summus, São Paulo, 1986.

sempre sobreviventes do Holocausto, que não conseguem livrar-se de seu passado tramautizante. Nem a Europa, nem Israel dão-lhes o sentimento da segurança. São perseguidas, não por uma autoridade, mas pelo seu próprio passado; não importa onde se estabeleçam, nunca encontram a paz interior de espírito. Como refugiados, nunca acham um abrigo ou a redenção no mundo após o Holocausto. O conto "A Ilha de São Jorge"[17] pode servir de exemplo. É a estória de um homem que sobrevive aos campos de extermínio e continua fugindo desde então. Seus traços característicos que o ajudaram a sobreviver no campo de concentração tornam impossível sua vida num mundo normal. Constantemente envolvido em negócios escusos de contrabando, ele foge de um país ao outro para salvar sua pele, passando deste modo pela Alemanha, Itália e Palestina. O mesmo enredo cíclico repete-se sempre de novo e determina seu destino. Esta síndrome cíclica é muito semelhante à noção kafkiana de destino e aos enredos de suas obras. Finalmente, o herói de Appelfeld chega num pequeno barco à ilha de São Jorge, no Mediterrâneo, cujo único habitante é um monge cristão que está justamente se preparando para uma peregrinação à Terra Santa. É nesta ilha que o inquieto herói espera escapar ao seu destino.

O enredo cíclico, a paranóia do anti-herói e as alusões alegóricas são reminiscentes de Kafka e também de Agnon. As personagens de Appelfeld retornaram à História porque seu autor sentia que ele mesmo vivia numa época histórica e podia, portanto, retratar a quintessência do homem sem as abstrações que ajudaram Kafka e o escritor e pintor polonês Bruno Schulz a alcançarem seu objetivo. Nas obras de Appelfeld a literatura hebraica torna-se novamente judaica, o heroísmo israelense servindo apenas como pano de fundo de antíteses. Do ponto de vista histórico-literário, a importância reside no fato de que suas obras são a própria antítese daquelas de seus precursores como Schamir e Yizhar. A escolha consciente de Kafka e Agnon como modelos literários ajudaram Appelfeld a formular esta nova abordagem.

O segundo autor israelense influenciado por Kafka e Agnon é A. B. Yehoschua. Yehoschua nasceu em Jerusalém em 1936 e publi-

---

17. No original "Beiyei Sant George", in *Kfor al Haaretz (Geada na Terra)*. Tel Aviv, 1965.

cou seu primeiro livro, *A Morte do Velho*[18], em 1963. Desde então ele publicou algumas coletâneas de contos, romances e dramas, quase todos traduzidos em várias línguas européias. Seu relacionamento com Kafka pode até ser mais consciente do que o de Appelfeld, mas certamente é mais técnico-literário. Yehoschua usa o modelo de Kafka para superar o heroísmo das personagens de seus antecessores que ele considera comuns e triviais. A técnica surrealista serve-lhe para obter o domínio sobre as complexidades do ambiente e sobre si mesmo. Yehoschua foi o primeiro dos jovens autores que sentiu que heroísmo e idealismo sionistas não têm só sua face brilhante, mas também a obscura, que "o homem velho em terra nova" é a sombra do "novo homem em terra antiga". Ele sentiu que o passado judaico, que por muito tempo permanecera na retaguarda das preocupações artísticas e sociais de Israel, deveria, na realidade, ser o centro das atenções. Suas personagens são medrosas, indolentes, histéricas, passivas e ao mesmo tempo agressivas, o que as faz muito diferentes daquelas dos autores que o precederam. Seus enredos tendem ao absurdo e ao grotesco; seu estilo é uma estranha mistura de elementos líricos e grotescos. Um de seus primeiros contos, "O Fluxo do Mar"[19], constitui o que a teoria literária chama de "traição artística". Conta a história do guarda de uma prisão numa ilha inundada por chuvas diluvianas. O guarda solta finalmente todos os prisioneiros enquanto ele e seus cães ficam na ilha. Enquanto sobe a maré, ele lê o Livro do Regulamento. Como tempo e espaço não são definidos no conto, ele lembra, em termos, até certo ponto, *A Colônia Penal*, de Kafka, tendo sido interpretado alegoricamente por alguns críticos até mesmo como uma alegoria da vida política israelense. O que chama a atenção, no entanto, como digno de nota, é a grande atração pela morte no conto em questão, e que contrasta com o exuberante apego à vida, expresso pelos autores da primeira geração.

O contraste entre o desejo da morte e a vontade de viver é um dos temas principais dos contos de Yehoschua e seus romances *O Amante*[20] e *Divórcio Tardio*[21]. Na medida em que Yehoschua

---

18. No original *Mot Hazaken*, Tel Aviv, Hakibutz Hameuchad, 1963.
19. No original "Gueut Hayam", rev. *Massa*, 1962.
20. No original *Hameahev*, Jerusalém, Schocken, 1977. Há uma edição brasileira: *O Amante*, trad. div., São Paulo, Summus, 1984.
21. No original *Gruschim Meucharim*, Tel Aviv, Siman Kria & Hakibutz Hameuchad, 1982.

se interessa pela vida social israelense e a descreve, ele comete "traição artística" com a tradição de Kafka. Em sua segunda coletânea de contos *Enfrentando as Florestas* [22], o ambiente imediato é descrito bem mais concretamente do que em suas obras anteriores. A estrutura ainda é influenciada por Kafka e Agnon, mostrando uma tendência ao absurdo e ao grotesco. Uma de suas personagens é um solteirão envelhecido, eterno estudante, que se torna guarda florestal para fugir da cidade e que tem de testemunhar um grande incêndio florestal ateado por um árabe. Outras personagens típicas: um engenheiro impotente, sofrendo de câncer; um poeta envelhecido e seu filho retardado, e mais um solteirão tomando conta do filho de sua antiga amante. O desenlace destas histórias é sempre catastrófico: o medo de morrer aliado ao desejo da morte são o tema principal, mas veiculam também uma mensagem social de crítica à ideologia oficialmente aceita.

Encontramos nas obras de Yehoschua os temas kafkianos básicos de ansiedade e perseguição. Sua técnica é a "traição artística" dos métodos de Kafka, na medida em que as realidades sociais de Israel constituem o material e o pano de fundo de seus contos. Yehoschua opõe-se abertamente aos que o precederam na literatura israelense pelos aspectos mais sombrios do "velho judeu na nova terra".

O nome hebraico de Kafka era Amshel, como o de seu bisavô materno. Ele mesmo, um cosmopolita e sua obra pertencendo à literatura universal, exerceu profunda influência na literatura hebraica moderna, fazendo-o um elo da tradição de onde ele se originou, que o atraía e emocionava e com a qual ele manteve um diálogo até o último dia de sua vida.

---

22. No original *Mul Hayearot*, Tel Aviv, Hakibutz Hameuchad, 1968.

2. *AMÉRICA* DE KAFKA E O ARQUÉTIPO DO JUDEU ERRANTE

I

Descrevendo *América*, o enredo na ficção, Yuri Lotman[1] afirma que são dois os seus princípios: de um lado, a estrutura cíclica do mito, tratando de eventos atemporais eternamente reproduzidos — e, neste sentido, estáticos — e de outro, um movimento temporal e linear, sem leis, mas apresentando anomalias e a violação de uma certa ordem primeva. Ele assume que o enredo do texto moderno é o produto da interação e influência recíprocas destas duas fontes típicas. Cada uma das estruturas de enredo tem o seu próprio conteúdo significativo de morte e renascimento, complicado pelo acaso e pelo destino, conduzindo a uma redenção miraculosa. O conto de fadas é um paradigma do segundo tipo. O sentido de um significado e o sentido de um fim no enredo são intrínsecos a ambos os tipos básicos de estrutura.

Sugerimos aqui a existência de uma outra estrutura cíclica, característica da narrativa e do drama modernos. Qualquer narrativa, qualquer texto literário, na realidade, contém padrões cíclicos recorrentes, atravessando a linha de seu enredo, como por exemplo os *leitmotiven* (motivos condutores). Nas estruturas tradicionais da narrativa há um relativo equilíbrio entre os padrões recorrentes, cujas origens estão no mito, e a seqüência do desenvolvimento temporal. O predomínio dos padrões cíclicos é uma das características

---

1. LOTMAN, Yuri, "The Origin of Plot in the Light of Typology", *Poetics Today*, vol. 1, n.º 1-2, Tel Aviv, 1979.

principais do romance moderno[2]. A literatura do fluxo de consciência é basicamente calcada nos motivos cíclicos e a seqüência tem funções primordialmente transformativas. O mito de Sísifo é o exemplo simbólico de uma estrutura cíclica não-redentora. O ciclo não é o da sucessão das estações de inverno e primavera, morte e ressurreição, mas uma permanente recorrência dos mesmos padrões, sem esperança de redenção. Cada fim é um início, mas fins e inícios são desprovidos de sentido. O ciclo sisífico é uma eterna provação, resultando em perpétuo engano. Tendo perdido a noção finalista, a estrutura nega a cosmovisão judaico-cristã e, de um certo modo, também a clássica *Weltanschauung* de crime e castigo, via dolorosa e crucificação, sofrimento e redenção, dilaceramento, desmembramento e reunificação.

O ciclo representa um padrão recorrente e sem fim da vida cotidiana. Não há mais a seqüência de ocorrências fortuitas porque os acontecimentos se repetem num movimento circular e repetitivo desprovido de sentido.

A síndrome e a correspondente estrutura de Sísifo constituem um dos fundamentos míticos das narrativas em prosa mais longas de Kafka e oferecem uma maneira de abordar criticamente algumas das interpretações mais aceitas dos seus romances. O principal exemplo é *América*; o propósito é compreender sua poética e, através dela, a poética de todos os romances mais longos de Kafka. É notório que Kafka nunca terminou nenhum de seus romances mais longos. *O Perdido* (nome originalmente dado a *América*) foi escrito em 1912. Em 1913 publicou o primeiro capítulo que chamou de "O Foguista". Supomos que, assim como a maioria de seus romances, o manuscrito de *América* também tenha sofrido um complicado processo de criação[3]. Nunca chegou a completá-lo em vida e só postumamente foi publicado por Max Brod, em 1927.

---

2. "Esta é a teoria cíclica de tempo, ou a crença de que não há nada de novo sob o sol. Nietzsche denominava isto de o princípio do "eterno retorno do mesmo".. Cf. MEYERHOFF, Hans, *O Tempo na Literatura,* Trad. Myriam Campello, São Paulo, McGraw-Hill do Brasil, 1976.

3. A história do texto foi descrita cuidadosamente por vários biógrafos e críticos como BINDER, H. *Kafka Kommentar.* München, 1976, pp. 59-68. Binder trata meticulosamente das diversas versões, do processo criativo, da localização dos fragmentos e das mudanças de perspectiva no romance, dependendo de mudanças durante o processo criativo. Ver também *Kafka-Chronik,* org. por C. BEZZEL, München, Wien, 1975 e ZIOLKOWSKI, T. *Strukturen des moderned Romans,* München, 1972.

Todos os romances de Kafka têm a mesma trajetória de publicação. Max Brod fez o melhor que pôde para reconstruir a estrutura linear, resultando daí longas discussões acerca da autenticidade e competência das reconstruções, se foram arbitrárias ou talvez mesmo fraudulentas. Jahn, Wagenbach, Dietz e Palsey estabeleceram os fundamentos para uma nova edição acadêmica dos romances de Kafka. A maior preocupação deles foi criar um texto autêntico que possibilitasse uma interpretação coerente e compreensível do Kafka de Kafka e não do Kafka de Max Brod [4]. No mais, lá onde os estudiosos falhavam, entravam os críticos. Seu principal objetivo tem sido o de criar uma interpretação coerente e abrangente do romance. Tentaram realizá-lo preenchendo as falhas da estrutura fragmentária e dos fragmentos já publicados, forjando as articulações inexistentes e reconstruindo com imaginação criativa o que falta à coerência do texto. Com os romances de Kafka o crítico torna-se necessariamente um leitor "escrevente" em oposição a um simples "leitor", na expressão de Roland Barthes. A interpretação mais coerente e completa de Jahn tenta usar o fragmento de n. 25 para criar uma estrutura novelística em quatro fases: "O Navio", "O Tio", "O Hotel" e "Brunelda", seguidos do "Teatro Mundial de Oklahoma" como epílogo. Jahn também procura estruturar cada uma das quatro partes principais em "Transição", "Refúgio" e "Conflito", mas sua preocupação principal é estabelecer uma compreensão coerente e geral do romance de Kafka, como uma unidade com começo, meio e fim.

Tais tentativas de unificação e interpretação coerente do texto de *América* parecem-me arbitrárias, supérfluas e falham no enfoque da radical inovação da novelística kafkiana. Em outras palavras, alegar que Kafka pretendia realizar um romance completo e coerente implica afirmar que ele não era mais do que um talento frustrado. De acordo com esta explicação, Kafka seria um excelente autor que escrevia romances fragmentários por causa de bloqueios sociais ou psicológicos que o impediam de terminar suas obras. Esta hipótese é obviamente ridícula, pois qualquer leitura séria nos confirma que

---

4. Para uma avaliação do texto de Brod e dos problemas das edições ditas acadêmicas ver DIETZ, L. *Franz Kafka*, Stuttgart, 1975, pp. 90-91; JAHN, W. "Kafka's Handschrift zum Verschollemen, Ein Vorlaüfiger Text bericht" in *Jahrb. des D.t Schillergesellschaft*, 1965. A interpretação de JAHN, W., *Kafka's Roman "Der Verschollene"* ("Amerika"), Stuttgart, 1965, é também é uma espécie de reconstrução do texto.

ele foi mais do que um magnífico fracasso. Paradoxalmente, poderá ele alegar que sua principal motivação artística foi justamente o fato de nunca ter completado seus romances, criando estruturas muito abertas, frouxas e intencionalmente fragmentadas. A tarefa que empreendia não era a de completar o primeiro rascunho de um romance coerente (embora ele achasse que isso era o esperado)[5], mas produzir uma série de capítulos. O assim chamado processo de criação realizava-se de capítulo em capítulo, sendo que cada capítulo era uma unidade independente. Lembramos que "O Foguista", um dos capítulos de *América*, foi publicado isoladamente. A compilação em série dos capítulos era viável porque cada capítulo representava a variação sobre um mesmo tema. Estas variações eram transformadas de capítulo em capítulo, mas não alteravam o fato de o próprio capítulo ter sido projetado como unidade autônoma. Cada capítulo tem sua própria dinâmica subjacente e todos obedecem à mesma norma e ao mesmo sistema. O "leitor implícito" deve concentrar-se no capítulo como unidade, embora o acúmulo repetitivo de capítulos e estruturas transformadas possua seu próprio sentido e valor, criando a síndrome de Sísifo.

Kafka configura a expectativa de seu leitor implícito do estágio inicial do texto como sendo a de um enredo linear tradicional, frustrando, todavia, suas expectativas [6]. De capítulo em capítulo, as expectativas tornam-se mais padronizadas e o leitor implícito torna-se uma espécie de Sísifo a antecipar que a mesma pedra mítica será carregada montanha acima e rolada novamente para baixo. O leitor deve, tal é o pressuposto, identificar-se com o herói e aceitar a perspectiva do autor. Este padrão é uma das características mais importantes das narrativas longas de Kafka, incluindo *América*, *O Castelo* e *O Processo*.

---

5. A avaliação do próprio Kafka foi absolutamente negativa. Ele expôs esta opinião em uma carta a Felice Bauer, no início de março de 1913.

6. Vários críticos procuraram demonstrar que a repetição é um dos aspectos mais importantes da arte e da cosmovisão de Kafka. O mais importante deles foi ANDERS, A., *Kafka*, London, 1960, p. 37. Anders afirma que: "Não há motivo que sugira que uma obra de arte que não progride, que é circular quanto à forma, deva ser considerada defeituosa do ponto de vista artístico. Certamente os contos de Kafka são o primeiro exemplo da nova técnica que dispensa os conceitos tradicionais de desenvolvimento". Concordamos com o enfoque de Anders e a tentativa de ver como este novo conceito cria a estrutura do texto. M. WALSER, in *Beschreibung einer Form*, Versuch uber Kafka, München, 1961, p. 91 e segs. também trata do problema de repetição.

II

Começando por um primeiro nível de leitura mais óbvia e convencional de seqüência temporal, o enredo de *América* relata as aventuras de Karl Rossmann, muito semelhantes às de Oliver Twist ou David Copperfield. Basicamente, os romances de Dickens são transformações dos contos de fadas como o de Joãozinho e Maria. A estrutura do conto de fadas é baseada em acaso e milagre, sendo o milagre a realização positiva de um destino incerto. No romance de Kafka, o estágio inicial ("O Navio") começa com uma série de ações inesperadas, terminando com o aparecimento miraculoso do tio. Os "contos de fadas" de Dickens relatam a história de uma criança abandonada num mundo hostil, em busca de refúgio ou de pais adotivos. Para o romancista inglês, a questão é o resultado de um conflito social e envolve a luta pela sobrevivência na sociedade. Ser abandonado significa ser vítima de perigosas forças sociais. Os heróis são salvos pelo aparecimento de pais adotivos ou o desvendamento de suas verdadeiras origens. Esta revelação restaura a posição social das crianças, pois, em Dickens, o inferno é representado pela inferioridade social e o paraíso devolvido é a nobreza recuperada. Durante o conflito, o ingênuo e patético herói parece condenado ao fracasso, mas é salvo miraculosamente.

Oliver Twist e David Copperfield são puros como recém-nascidos e sua "queda" resulta do pecado dos pais punido nos filhos. O padrão de crime e castigo ao qual Karl Rossmann está sujeito é mais complicado [7]. O herói kafkiano é o protótipo da criança abandonada e expulsa. Seu envolvimento ingênuo com a criada e a criança que ela lhe gera, pode ser compreendido como um desvio das normas e tabus de moralidade da classe média européia do século XIX. O texto deixa bem claro, todavia, que ele é o seduzido e não sedutor, a vítima e não o culpado e, no entanto, ele é forçado a assumir o peso da responsabilidade. O conceito de crime e castigo é ambíguo e desprovido de sentido, mesmo num primeiro nível superficial.

---

7. SPILKA, M., in *Dickens and Kafka: a mutual interpretation*, London, 1968, p. 29 e segs. destaca o conceito da inocência pecadora que parece ser comum a Dickens e a Kafka e o fato "da visão do herói, de um mundo controlado pelos mais velhos e seu progresso naquele mundo, encaminhando-se em direção à maturidade e ao pertencer".

A fábula do jovem gringo ingênuo a perambular de lugar em lugar, explorado pelo sistema capitalista, de um lado, e por vagabundos e marginais, de outro, do ponto de vista estrutural do romance, é cumulativa. Cada fragmento representa um elo na corrente da aventura e cada novo acontecimento revela um diferente aspecto da sociedade americana. A seqüência do enredo é a história picaresca da vítima que nunca chega a ser o sacrificador. Descreve a tentativa de um imigrante para aclimatar-se a novos ambientes: "Os primeiros dias de um europeu na América assemelham-se a um parto".

Neste nível, a maioria das sinédoques de cidades e cenários americanos deve ser compreendida como representando "o modo de vida americano" (Mack, tio Jacob, o restaurante e o hotel, eleições, greves). No mesmo nível, ainda o romance representa a crítica às normas de uma sociedade industrial e, sob um certo aspecto, é a mais realista das obras de Kafka, apontando para realidades externas como New York, a ponte de Brooklin, Oklahoma etc. Não é somente a realização de espaços irreais e tempos indefinidos por meio de uma descrição muito particularizada, detalhada e identificada de fatos e acontecimentos "não-existentes", mas é o retrato específico de entidades existentes, embora todos os ambientes reais tenham sido drasticamente reformulados pela imaginação.

O realismo, no entanto, só existe na superfície. A estrutura fragmentária, os elos perdidos e as falhas entre os pontos enfocados impedem uma leitura simplesmente realista. Ao contrário, eles enfatizam a autonomia dos fragmentos e descartam a possibilidade de uma interpretação social bem definida. O aprendizado do herói nas várias seqüências deveria ter configurado sua personalidade e concluído a sua formação dentro do romance. A pergunta que se coloca é por que este resultado nunca ocorre.

Ao mesmo tempo, porém, a camada realista com seu repertório e suas normas sociais não pode ser ignorada e, independente de nossa interpretação final, teremos de voltar aos aspectos superficiais. Ocorre uma nova projeção, de nível em nível, que esclarece o repertório social inserido no material superficial.

III

O desmascaramentto do nível da realidade em *América* ocorre na unidade maior do romance — o capítulo. Não acontece em cada capítulo porque estes se sucedem dentro do mesmo padrão, constituindo um acúmulo de temas recorrentes. Os vínculos de causalidade parecem faltar à seqüência dos capítulos e já o primeiro capítulo se inicia com uma seqüência de fatos desconexos. O fim oferece a solução do enigma, mas até chegar lá, os elos de ligação são muito frouxos. A perda do guarda-chuva, o encontro com o foguista, a perda da mala, o diálogo com o foguista, a defesa do mesmo, são todos acontecimentos marginais.

Somente o aparecimento do tio no fim do capítulo — parecendo um fato miraculoso — é motivado, ao menos no nível formal, pela carta da criada, assim como o comportamento de Green é justificado mais tarde pela carta do tio. O leitor tem de inserir os elos ausentes no ato da leitura para racionalizar e suprir as conexões causais, mesmo antes da descoberta da pseudo-solução do enigma. O fio narrativo é o padrão de desorientação e quase salvação que cria a principal forma de expectativa. É este o padrão predominante desde o primeiro capítulo, repetindo-se sempre transformado nos capítulos seguintes.

O padrão representa uma regra do enredo que, tendo perdido suas bases míticas, não se relaciona mais com o mito da alternância de inverno e primavera, morte e ressurreição. Além disso, o mais importante é que cada morte implica renascimento, mas o padrão de *América* prescinde da recompensa da redenção. "Um novo imigrante chegando à América é como uma criança renascida", as provações de Karl Rossmann, no entanto, não têm sentido escatológico (o fim do suplício, a oferenda do sacrifício) nem um sentido de renovação (a reprodução da raça humana apesar da morte do indivíduo; a fertilidade do solo como resultado do sacrifício). A persistência do padrão recorrente transforma-o numa síndrome de Sísifo, que ao mesmo tempo que produz um resultado cumulativo também se constitui em tema de cada um dos capítulos.

A síndrome de Sísifo é a eterna provação do ingênuo anti-herói para criar raízes, achar um lugar ao sol e a história do seu eterno fracasso em consegui-lo. Cada um dos capítulos, seja como unidade tipográfica ou temática, é um pequeno drama por si. Jahn descreveu as principais fases destes dramas como transição, refúgio e conflito. A ilustração gráfica deste padrão seria morro-acima e morro-abaixo. Na procura de um espaço ou refúgio, o herói vivencia sempre novas expulsões. Ele é seduzido pela doce ilusão de que se a pedra for rolada até o topo da montanha ela nunca mais rolará para baixo. Dramaticamente, o herói sempre dá um passo em falso *(harmatia)* e é culpado de orgulho *(hybris)*. A fala contra Schubal poderia ser interpretada como uma pseudo-rebelião, assim como os seus casos amorosos, ou suas tentativas de ultrapassar os limites impostos. São tentativas de rolar a pedra da lei, conseguir por um momento a gratificação da independência ilusória. A descoberta ou a solução do enigma *(anagnorisis)*, no entanto, resulta na volta da roda *(peripetaia)* e o fim *(catastrophe)* é a expulsão e o exílio.

Não há o ato redentor da morte nos romances de Kafka, o elemento positivo da tragédia que alivia a tensão da catástrofe. A morte de Joseph K., em *O Processo*, é um elo causal sem vínculo anterior; não é o resultado lógico de uma seqüência causal. Nem os atos da vítima nem os dos algozes são justificados. K. não é punido por ter merecido um castigo, nem por um ato de retaliação. Seus carrascos não são cruéis assassinos. A catástrofe nunca é o clímax do romance, pois tanto *O Processo* quanto *América* obedecem a um padrão não-catastrófico, e o traço mais característico do romance é a não-redenção no final de cada capítulo. Não há catarse em nenhum dos exílios de Karl e, basicamente, não há mudança de um ciclo a outro. Por trás das mudanças transformacionais repete-se a mesma estrutura básica. A existência humana é concebida como repetindo-se eternamente e a experiência coletiva e individual nunca muda seu padrão de comportamento. Cada ciclo condiciona o seguinte e quanto mais o protagonista se envolve no ciclo, tanto mais o leitor espera sua repetição. O anti-herói kafkiano é a vítima — o *pharmakos* — do ciclo. Ele é o produto de suas próprias ações e estas ações são produtos de seu comportamento padronizado precondicionado.

A estrutura cíclica não depende da noção tradicional linear de enredo. Pelo contrário, ela é a negação do enredo coerente. Não é a função da unidade na seqüência que importa, mas a repetição das unidades. O leitor pode incluir ou excluir alguns dos fragmentos que têm funções quantitativas e transformacionais mas não têm funções estruturalmente coerentes.

O leitor interpreta, de certo modo, fragmentos imaginários inexistentes pelo mesmo modo e padrão com que compreende os fragmentos acumulados. Ele é precondicionado a compreender os fragmentos imaginários de um texto devido ao efeito que este exerce sobre sua compreensão da realidade. A compreensão desta realidade, que transcende o texto, é um sumário de recorrências acumuladas e o leitor é "moldado" do mesmo modo que o autor "moldou" o caráter padronizado de seu anti-herói.

IV

Tudo isto constitui, na realidade, o inverso do conceito de "romance de formação". A premissa básica deste gênero é que a mudança e o progresso humano são viáveis. É uma das estruturas narrativas mais otimistas: o herói entra na fábula como adolescente e atinge o objetivo na maturidade. O acúmulo das experiências é positivo, elas alargam os horizontes do herói e mudam suas atitudes. Em termos junguianos é a busca do "eu" à procura de "si mesmo". Até mesmo a possibilidade redentora do Fausto — "Quem sempre com empenho se esforça merece a salvação" — é refutada pelo sofrimento sem fim de Karl Rossmann. *América* é uma espécie de paródia do gênero em que o jovem, por muito esforçar-se, talvez seja redimido. Rossmann não é moldado nem esclarecido por suas experiências; ele é limitado por suas provações e não progride por meio de um verdadeiro diálogo com a realidade — uma das principais características do "romance de formação".

Alguns críticos assumem a implicação de solução redentora no último ciclo de *América,* argumentando haver mudança de padrão no fim do romance. Acontece um milagre e o herói é redimido *deus excirce*. Ele chegou ao fim da busca e achou um lugar ao sol. A miraculosa linha do quase-enredo com suas soluções e refúgios (o tio, os vagabundos, Brunelda) tornou-se autêntica. O "novo" capítulo não é mais uma repetição, porém uma reviravolta. As trombetas angelicais aludem supostamente às regiões celestiais na comédia humana de Karl. Várias outras leituras do mesmo capítulo, no entanto, argumentam que seu sentido é bastante ambíguo. A metáfora do circo projeta uma estranha luz neste paraíso reconquistado. O circo, obviamente, é um símbolo natural, não importa se materializado ou não. A desumanização do homem e a "humanização" dos animais no circo (transformando homem em bicho e vice-versa) é tão degradante quanto a perversão do homem em qualquer outra instituição humana. Mencionei os símbolos mais importantes, mas há outros motivos para admitir implicitamente que "Oklahoma" é somente mais uma fase no padrão estabelecido.

A premissa básica destas considerações é, portanto, que um primeiro nível de leitura — a leitura linear como padrão coerente — constitui, de certo modo, a base para uma segunda leitura. Os padrões recorrentes desconvencionalizam o tradicional "romance de formação" e o segundo nível de leitura parodia o primeiro. Os padrões repetitivos da subestrutura transformam o "romance de formação" num anti-romance de formação.

V

Sob o aspecto do espaço, o romance oferece um terceiro nível ainda. O ritmo da repetição do elemento espacial não é consecutivo. A regra da repetição no segundo nível dita os mesmos padrões repetidos mas transformados. No terceiro nível, porém, grupos de imagens aparecem em diferentes "unidades de capítulos". No ato da leitura, estes pontos focais são combinados para criar segmentos espaciais. Uma leitura linear atenta poderia indicar paralelismos entre o aparecimento destes grupos de imagens e as diferentes fases no desenvolvimento consecutivo das "unidades de capítulos".

Os grupos de imagens criam também um choque duplamente associativo com o primeiro nível realista. A fissura semântica entre o conteúdo desta imagística e os acontecimentos seqüenciais criam um efeito grotesco. A lacuna entre esta imagística como referência e os eventos como imagem associada é extremamente ampla, mas uma segunda leitura revela uma reciprocidade inesperada e focaliza a atenção do leitor nos pontos principais, que são importantes divergências do que seria uma interpretação tradicional dos mesmos fatos. O que parece uma distorção da realidade torna-se supra-real na definição do grotesco de Thomas Mann, uma intensificação da realidade que revela novos aspectos do repertório social das personagens.

Numa das principais imagens em *América*, e na maioria das obras de Kafka, é a imagem do labirinto. Uma estrutura arquitetônica aparentemente sem objetivo e de desenho tão complexo que, uma vez lá dentro, é impossível ou muito difícil escapar, pode ser interpretada freudianamente como o ventre materno ou uma metáfora simbolizando a condição humana [8]. A provação de Teseu no labirinto foi seu teste de virilidade. O fio de Ariadne era o símbolo da tênue esperança que o homem pode entrar no labirinto e emergir do mesmo; significa que a redenção é possível; que há um meio de sair do labirinto. Transformações da imagem do labirinto ocorrem várias vezes em *América*, em *O Processo* e em *O Castelo*. Desde o início, Kafka descreve o espaço do navio como um labirinto onde Karl se perde. O navio, a casa do tio, a casa do Sr. Pollunder no subúrbio, o Hotel Ocidental e até o sótão da Sra. Brunelda são descritos como labirintos. A entrada nestes labirintos é um ordálio e a fuga é ilusória. Os "fios condutores" (o tio, os vagabundos etc.) são desorientações porque não prometem liberdade ou redenção, mas nova escravidão. São fios que meramente conduzem sua vítima de labirinto em labirinto. Karl nunca passa no seu teste de virilidade como Teseu. Ele nunca mata o seu minotauro, mas é engolido por ele e rejeitado, só para ser engolido novamente.

O labirinto implica grotescas imagens de maus tratos. É uma materialização antropomórfica de aspectos desnorteantes da realidade espacial do romance. Representa o homem capturando seu semelhante e colocando obstáculos diante dos cegos ou ingênuos. Ambas as imagens sugerem um rito de castração. Karl, que perde sua mala ou seu guarda-chuva, que encontra a mala, abre-a contra a vontade, é maltratado pelos vagabundos; é vítima de sinistras e contínuas brincadeiras de mau gosto. Ele é torturado pelos vagabundos, assim como foi atormentado por Green (a demora em ler a carta do tio), por Clara, por Mack, pelo chefe dos garçons, pelo chefe dos porteiros e finalmente, ainda, por Robinson e Delamarche no sótão de Brunelda. A origem destes cômicos maus tratos encontra-se no circo ou na comédia antiga, nas suas modernas transformações; a comédia de pastelão

---

8. PONGS, H., *Franz Kafka*, Dichter des Labyrinths, Heidelberg, 1960, usa o conceito do "labirinto" para uma interpretação total das obras de Kafka.

no teatro burlesco ou no cinema mudo como o de Charlie Chaplin. Karl é o herdeiro do patético e cômico bufão surrado pelos parceiros para divertimento do público em geral, estando o leitor implícito nas funções de "público". O riso que segue a agressão não é redentor. As "cerimônias" incluem os atos de emasculação que alteram o sentido da cena cômica para um ato sádico de tortura e castração. A recorrência destes padrões confere o aspecto de Sísifo à imagem. Do ponto de vista mítico, a imagem humana e espacial somadas representam a transformação do mito do inferno, sendo o labirinto vicariamente o submundo ou o inferno e os torturadores, os demônios ou maus espíritos. No mesmo campo temático das imagens há um número de cenas de perseguição: o herói tentando escapar de seus assim chamados camaradas, ou perseguido por um policial. A perseguição não tem motivo plausível e o "ato" representado assemelha-se novamente à técnica da comédia de pastelão do teatro burlesco.

Todas estas imagens são paródias de situações cômicas. O espaço desnorteante, o bufão surrado ou o palhaço perseguido são temas burlescos. A mudança no padrão paródico do abuso, da difamação, da brincadeira de mau gosto para a tortura real. A brincadeira perdeu seu espírito cômico, não é mais pseudotortura no processo da leitura, mas tortura real. Instaura-se uma reversão do efeito cômico de paródia e revela-se a paródia da fraqueza humana.

As principais variações das seqüências de formação e imigração aparecem em numerosas cenas judiciais e trechos ensaísticos. O contraste entre o repertório social e a imagística judiciária é óbvio. O gênero de romance de imigração não cria expectativas judiciárias, mas nos romances de Kafka a temática judiciária e a cáustica reprodução de afirmações ligadas à jurisprudência é muito freqüente. Estas interpolações têm potencialidades cômicas pela dupla associação entre dois diferentes campos semânticos (imigração e justiça) que criam o relacionamento pseudometafórico. O efeito cômico é neutralizado quando o leitor, no processo da leitura, chega à conclusão de que a incoerência pseudometafórica é, na realidade, basicamente correta.

Karl Rossmann, como Joseph K. e K., em alguns dos pontos cruciais do romance, aparece em juízo. O herói funciona como advogado de defesa, promotor, juiz e acusado ao mesmo tempo. Ele reproduz em cada um dos contextos as circunstâncias judiciárias e sugere sua própria condenação aos seus acusadores. No estágio inicial, Karl é o defensor do foguista, fazendo do capitão e seu grupo seus juízes e os do foguista. Os fatos se complicam e Schubal, o suposto acusado, torna-se o acusador e o foguista o acusado. Há uma constante troca de papéis efetuada pelos atores participantes na cerimônia judiciária. A função do herói no padrão judiciário, durante o estágio inicial da ação é ambígua. Nos estágios posteriores, ele se torna cada vez mais vítima da perseguição judiciária. Tenta defender-se em longos discursos casuísticos como seu próprio advogado, mas quanto mais longos os discursos, mais fora de contexto eles parecem e mais efeitos cômicos são criados. Onde quer que o herói chegue, cria o mesmo padrão: seus antagonistas tornam-se seus acusadores e juízes. Se Kafka tivesse escrito mais capítulos, sem dúvida o mesmo padrão teria se repetido.

As imagens do romance criam uma coerência espacial além da seqüência temporal, ao mesmo tempo que reforçam a repetição. Os quatro grupos de imagens repetem-se em unidades maiores e produzem o efeito repetitivo de constante tormento, o sofrimento sem fim de um homem acuado numa armadilha labiríntica sem saída. Cada vez que ele escapa de um de seus perseguidores, algozes ou juízes, ele cai nas mãos do próximo. A execução seria um alívio, mas a acusação é a única execução a que ele pode realmente aspirar.

VI

A desmistificação do "romance de formação" e do romance do imigrante é bastante radical. A imigração para o país das oportunidades douradas não é um ato que trará a salvação, mas somente a transição de escravidão para escravidão. O país das promessas ilimitadas não redime a síndrome de Sísifo, mas confirma-a. Não tem fim o sofrimento do peregrino, nem há esclarecimento ou maturidade para o adolescente. O ciclo se repete e cada fim torna-se um novo início. Os dois níveis irreais criados pela divisão em capítulos e pelas imagens esclarecem a estrutura superficial e as normas sociais, representando a verdadeira situação da sociedade.

Existem analogias estruturais entre o estado de espírito manifestado no romance e sua avaliação da condição humana, de um lado, e a estrutura social do grupo que perdeu suas esperanças messiânicas, de outro. Sob certo aspecto, o romance é a representação do destino sisífico de um grupo de imigrantes cujas peregrinações nunca terminam ou a descrição de um grupo social que reproduz seus próprios perseguidores e juízes em contextos cambiantes. Em outras palavras: fica óbvia a homologia entre a síndrome de Sísifo do romance e a maldição do exílio sem redenção do povo judaico. Kafka repudiava o mito messiânico com o significado de um caminho progressivo em direção à redenção através dos tempos. Para ele, o fim do exílio não era o "retorno" mas a eterna peregrinação, de exílio em exílio. Kafka nunca menciona o destino judaico nem personagens judaicas nesta ou em outras obras, mas as homologias e afinidades entre a estrutura profunda de seus romances e o destino comum dos judeus são marcantes e muito mais profundamente arraigadas que as da maioria dos escritores judeus que trataram aberta e diretamente do destino judaico como tema literário [9].

Não seria portanto remoto assumir que, na maioria de suas obras, Kafka acolhia o mito de Ahasverus, o "judeu errante" da tradição cristã. Seus anti-heróis são variações deste arquétipo e seus enredos cíclicos são descrições literárias do itinerário sisífico de Ahasverus. Dentro da velha tradição judaica de auto-ódio, Kafka assimilou internamente o destino histórico de seu povo, conforme profetizado pelos seus adversários. Há também uma flagrante analogia entre a fábula do filho exilado por causa de seus "pecados" (um dos principais temas em *América* e outros romances) e o complexo de culpa consciente do povo exilado ("por causa de nossos pecados fomos exilados de nossa terra" *) que nunca voltará à sua terra prometida por ter perdido a esperança na visão messiânica. Este desespero absoluto é representado pela estrutura do romance de Kafka.

---

9. Anders e Buber analisaram os temas de Kafka e a teologia judaica. Jens analisou seu relacionamento pessoal com judeus e judaísmo. Brod afirmou que "Kafka deve ser entendido como um restaurador da religiosidade judaica tradicional que exige o homem por completo: a ação individual e a decisão moral de seu mais profundo íntimo". Devo admitir que é difícil aceitar a interpretação de judaísmo de Brod e o modo como ele relaciona a sua interpretação com a vida e a obra de Kafka. Sockel sustenta que Kafka odiava o judeu assimilado ocidentalizado e era fascinado pelas idéias contraditórias de castidade e família que, de acordo com Sockel (e Kafka) são as principais características do judaísmo. Pongs usa o arquétipo do "judeu eterno" para provar que a interpretação otimista que Buber fez do judaísmo de Kafka é irrelevante. Nós afirmamos que as obras de Kafka têm uma profunda afinidade psicossociológica estrutural com o destino da comunidade judaica.

* Citado nas orações do Ano Novo.

3. A GRAÇA DA RAZÃO E A DESGRAÇA DA INFELICIDADE: ZWEIG E ROTH — A CORRESPONDÊNCIA

> "O senhor é perspicaz. Eu não o sou. Mas eu vejo o que o senhor não pode ver porque a sua perspicácia lhe poupa a necessidade de olhar. O senhor tem a dádiva da sensatez e eu, a da infelicidade"[1].

I

O objetivo deste ensaio é tentar compreender o complexo relacionamento entre duas das mais importantes figuras do cenário judaico-alemão na Europa Central: Stefan Zweig, nascido em 1881, filho de uma abastada família vienense da alta burguesia, que cometeu suicídio em Petrópolis, no Brasil, em 1942, e Joseph Roth, nascido em 1894 em Brody, filho de uma família judaico-galiciana da baixa classe média, que viveu a maior parte de sua vida na Europa Ocidental e morreu em Paris em 1939[2]. Examinaremos a interação entre estes homens revelada em sua correspondência — umas duzentas cartas — publicada na coleção de cartas de Joseph Roth (1911-1939), em 1970, por Hermann Kesten. O volume inclui a maioria

---

1. Carta de Joseph Roth para Stefan Zweig in KESTEN, Hermann (ed.), *Briefe 1911-1939*, Köln & Berlim, Kiepenhever & Witsch, 1970.
2. A biografia de Roth foi feita por BRONSEN, D., *Joseph Roth, Eine Biographie*, München, D.T.V., 1981. A biografia de Zweig foi escrita por ele próprio: ZWEIG, S., *Die Welt von Gestern: Erinnerungen eines Europäers* (O Mundo de Ontem, Memórias de um Europeu), Frankfurt, Fischer, 1944 (1980). Edição bras.: *O Mundo que Eu Vivi (Minhas Memórias)*, trad. de Odilon Galloti, Rio de Janeiro, 1942. Há uma reedição da Editora Delta, 1953.

das cartas de Roth para Zweig de 1927 a 1938, assim como um considerável número das cartas de Zweig dirigidas a Roth.

O intercâmbio epistolar é um hábito muito comum no relacionamento entre personalidades do mundo literário. A correspondência entre Schiller e Goethe no século XIX e a de Kafka e Brod no século XX são provavelmente as mais conhecidas. O maior interesse desta correspondência entre Roth e Zweig é o fato de desenrolar-se no cenário de uma das mais cruciais décadas do século e a intensidade da atração de Roth por seu correspondente. Havia semanas em que Roth escrevia diariamente ou em dias alternados para Zweig.

A intensidade do relacionamento era unilateral: Roth cortejava Zweig agressivamente, enquanto este só lhe correspondia passivamente. Embora respondesse com certa cordialidade às cartas de Roth, Zweig nunca o mencionou em suas memórias *O Mundo de Ontem*. O relacionamento de fato entre Zweig e Roth e aquele projetado nas cartas não era o mesmo. David Bronser, o biógrafo de Roth, após entrevistar um número de amigos mútuos dos dois escritores, alega que os sentimentos de Roth para com Zweig eram muito ambíguos e mesmo negativos, diferentes, portanto, do que os revelados na correspondência. Persiste o fato de que é quase impossível determinar a exata natureza deste ou talvez de todo relacionamento humano. O que podemos fazer é tentar compreender a espécie de relacionamento entre os dois escritores como manifestada na evidência escrita que possuímos.

II

Qualquer troca de cartas entre duas personalidades pode ser considerada uma espécie de pseudo-romance epistolar, contanto que a quantidade de material produzido pelas duas partes (ou somente uma) seja suficiente para uma interpretação narrativa. Criada esta "narratividade", os correspondentes tornam-se os protagonistas do "romance", enquanto as outras pessoas mencionadas funcionam como personagens secundárias. Se a comunicação se prolonga no tempo e no espaço, ter-se-á criado o efeito de diálogo e a configuração de um padrão de enredo. A correspondência entre Zweig e Roth durou mais de dez anos e oferece um excelente caso para estudo nas condições mencionadas.

Cada um dos escritores assume um determinado papel na correspondência, valendo ressaltar que Roth "inflou" sua imagem de Zweig, de acordo com suas próprias necessidades psicológicas, o que fica comprovado pelo fato de ter assumido papéis completamente diferentes com outros destinatários, tais como Blanche Gidon, sua tradutora para o francês, ou Hermann Kesten, seu amigo pessoal. Aos outros participantes nesta extensa comunicação (a esposa de Roth, sua amante Manga Bell, os editores Victor Gollancz e Herbert Reichner) eram atribuídos diferentes papéis no drama que se configura.

À medida que progredimos na leitura da correspondência, percebemos as imagens dos dois protagonistas perdendo seu valor documentário, seu sentido como significantes de referências externas e adquirindo progressivamente o caráter de personagens num mundo fictício. Desenvolvendo-se em seqüência ficcional, as funções assumidas são outorgadas pelo remetente ou adotadas pelo endereçado. O próprio ato da publicação cria um leitor implícito que viola ativamente o código reservado originalmente para os dois íntimos correspondentes. Ele terá de preencher vácuos e inferir conexões. Deste modo, a publicação do material "documentário" de Kafka, suas cartas e diários, fazem parte integral do corpo literário kafkiano, adquirindo um caráter semificcional ou até mesmo ficcional.

Muito já foi escrito sobre a tênue linha entre fato e ficção, caráter "verdadeiro" e imagem, identidade e desempenho de papel dramático, assim como a interação entre material biográfico como documento e projeção. Minha posição pessoal a respeito é que o caráter fictício de um material não-fictício é determinado pela decisão de um leitor não-implícito de ler o texto como se ele fosse um leitor implícito. Como tal, ele supre as interpolações no jogo dramático dos correspondentes; interpreta as imagens que eles projetam e explica o enredo implícito na seqüência das cartas, não obstante a arbitrariedade de começo, meio e fim da mesma. Na análise a seguir, o autor deste ensaio servirá de leitor não-implícito, começando com uma análise das duas personagens principais do romance epistolar, procedendo depois para um esboço de seu relacionamento, o "enredo" que os prolongados contatos criaram e o mito básico subjacente a esta afinidade eletiva.

Para Roth, Zweig era uma das maiores figuras no círculo exclusivo do *establishment* da intelectualidade européia, o homem que podia conseguir-lhe a entrada em qualquer instituição literária importante. Sua recomendação para editores, críticos e periódicos poderia abrir-lhe as portas do sucesso. A imagem de Zweig, projetada por Roth, é aceita e confirmada por Zweig em suas respostas. Embora os pedidos de Roth fossem de proteção e apresentação, de tempos em tempos, a começar em 1932, também eram de dinheiro. Roth nunca viveu dentro dos limites de seus meios pecuniários. Nunca conseguiu estabelecer-se no mundo da burguesia, nunca possuiu uma moradia própria e passou a maior parte de sua vida em quartos de hotel: o Hotel Foyot, em Paris, ou o Hotel Eden, em Amsterdam. Em contraste radical, Zweig possuía um castelo em Salzburgo onde servia de anfitrião aos mais renomados escritores europeus contemporâneos. Não obstante a condenação e até as injúrias ao modo de vida econômico e social da burguesia, Roth ansiava por segurança e estabilidade, chegando a escrever para Zweig: "Liberte-me da insegurança" (outubro, 1935).

Havia mais ainda, porém. Roth não caracterizava Zweig somente como uma fonte de benefícios de uma vida amena: segurança, estabilidade, fama e realizações — o símbolo do sucesso capitalista. Fez dele também o símbolo da tranqüilidade e harmonia apolínea: "Como se tornam alegres as coisas mais tristes que o senhor relata!" (abril, 1930).

"Não quero influenciar sua alegria por meu intermédio. O sr. está sujeito a outras leis" (setembro, 1932). Para o triste e melancólico Roth, Zweig era o anjo da jovialidade, o espírito oposto ao seu. Roth alegava que até as histórias mais tristes de Zweig eram agradáveis, embora me pareça que esta projeção tinha seu subentendido irônico. O papel atribuído a Zweig cabia bem dentro da cosmovisão que Roth tinha de seu tempo. Zweig era o representante literário da jovialidade burguesa do confortável mundo decadente dos Habsburgos, em vivo contraste com o obscuro e deprimente mundo de Weimar, Hitler e Dolfuss entre as duas grandes guerras.

Zweig também aparece nas cartas de Roth nos papéis de pai-confessor, acusador, juiz e superego. Roth identifica-o freqüentemente, com o bom-senso humano e Zweig, aceitando o papel no drama da moralidade, prega em nome do juízo contra todos os excessos e prodigalidades, em especial contra o alcoolismo, origem de todas as desgraças de Roth. A essência dos ensinamentos didático-moralistas era "por favor, clareza, por favor, juízo" (julho, 1934). Roth muitas vezes rebelava-se contra sua própria projeção de racionalidade, não conseguindo viver com ela e nem sem ela. "Eu sinto uma pedagogia que não me compreende, uma tentativa de atuar sobre mim num sentido demasiado lógico e coerente" (novembro, 1935).

Roth ansiava por coerência lógica, embora este atributo fosse completamente contrário à sua natureza. De um lado, ele pedia conselhos pedagógicos, detestando todavia recebê-los. A imagem de Zweig como humanista e velho pedagogo era confirmada pelo favor de suas bênçãos na forma de bons conselhos e boa vontade. Em outras palavras, ele aceitava e reforçava o papel do educador que Roth lhe havia fabricado. Vez por outra ele censurava asperamente o alcoolismo de Roth que ele considerava o símbolo da imoralidade, a violação das sagradas leis da burguesia. Censurava estes excessos como um pregador cristão: "Além do prejuízo à sua saúde, o sr. não pode ultrapassar os gastos com a bebida até uma certa importância, já pelo fato que é imoral gastar mais com esta droga do que uma família normal precisa para viver" (janeiro, 1936).

Diretrizes como "o sr. deve", "o sr. deveria", ocorrem com freqüência nas cartas de Zweig: "O sr. precisa cuidar da saúde; nada é mais importante do que a autopreservação" (março, 1936). O que se representa nestas cartas é a disputa entre um equilibrado e bem intencionado burguês vienense e as caóticas erupções vulcânicas de um Dionísio descontrolado.

O material desta correspondência é um tanto desigual no que se refere à quantidade de cartas de um e do outro missivista. Temos a maioria das cartas de Roth, enquanto as respostas de Zweig são relativamente poucas. Este desempenhava em suas cartas mais ou menos o mesmo papel que encenou em sua autobiografia *O Mundo de Ontem* — um documento impessoal onde Zweig desvenda somente sua personalidade social e literária. Mal menciona seu casamento e seu divórcio, mas enfatiza, por exemplo, sua coleção de autógrafos e os contatos sociais de Zweig, o colecionador. Ele se apresenta mais como representante de uma geração do que como indivíduo. Como tal, o livro é a apologia do filho de uma família austríaca convencional, de classe média, ao tempo dos Habsburgos, que tem suas queixas contra "o mundo de ontem", mas ainda o prefere ao de hoje. Sua família, como a maioria das famílias judaicas da classe média, aceitava as normas liberais-tradicionais da monarquia austríaca de *fin-*

-de-siècle. O antigo e o estabelecido eram o ideal e deviam ser imitados.

O jovem Zweig ansiava por mais liberdade e abertura. Quando, porém, após a Primeira Guerra Mundial a rebelião dos jovens foi bem-sucedida e alcançou alguns de seus objetivos sociais e artísticos, ele se amedrontou. Repugnava-lhe a jovem geração arrogante e exibicionista e insistia que havia alcançado seu sucesso literário apesar das novas tendências. Ao alcançar o clímax de sua carreira nos últimos anos da década de 1920 ele sentiu que havia voltado aos áureos tempos da tranqüilidade, ao mundo de seus pais, apenas conturbado pelos transtornos da Primeira Guerra Mundial. "Eu poderia estar satisfeito. Eu amava o meu trabalho e amava a vida. Não tinha preocupações: mesmo que não escrevesse mais uma linha, meus livros cuidavam de mim. Tudo parecia alcançado, o destino fora domado. A segurança que eu havia usufruído como jovem na casa paterna e que se perdera na guerra, ela voltara por esforço próprio. Que mais me restava a desejar?"

Quando Zweig escreveu este trecho, ele já tinha perdido aquele paraíso que parecia recuperado e no qual um turbulento e instável neurótico como Roth era decididamente um intruso, se não um banido. Talvez seja por isso que ele nunca o menciona em suas memórias. Zweig desejava a esmaecida glória de um mundo do qual ele era o verdadeiro representante. Roth, por outro lado, ansiava pelo mundo de ontem ao qual ele nunca tinha pertencido.

Zweig esforçou-se muito em ser fiel a si mesmo, até o fim. Ele preveniu Roth dos perigos do ajustamento mental e emocional às circunstâncias cambiantes: o indivíduo não deveria adaptar-se aos desafios de seu tempo; ele deveria recusar-se de todos os modos a corresponder aos repugnantes fatos da vida: "Não, Roth, não endureça com a dureza dos tempos, isto seria afirmá-los, fortificá-los. Não fiquemos agressivos nem implacáveis, porque os implacáveis triunfam pela brutalidade" (setembro, 1937).

A tarefa do homem, ele insistia, é enfrentar as dificuldades das circunstâncias e ficar fiel aos ideais humanistas. Zweig desejava ser considerado o herdeiro e a reencarnação do seu grande ídolo Erasmo, defensor do único e grande ideal: "a inviolabilidade da liberdade individual", (outono, 1937). A julgar por suas missivas, porém, ele não correspondeu aos padrões de seu ídolo ou à personalidade que ele tentava projetar. O fato é que ele não demonstrou verdadeira coragem em suas controvérsias com os alemães. Na correspondência com Roth, ele alegava estar desempenhando um papel apolítico no caos político em que era obrigado a viver. Suas tentativas reais de entrar na arena político-intelectual, porém, foram bastante ridículas.

O ilustre missivista de Roth era para ele muito mais um personagem do seu próprio drama íntimo — o de Roth — do que uma pessoa da vida real. Era um espírito apolíneo fascinado pelas demoníacas forças da escuridão. À sua maneira, no entanto, Roth compreendia Zweig. Roth sabia muito bem que Zweig se sentia atraído pela sua natureza caótica, assim como ele, Roth, sentia o apelo do racionalismo e da clarividência de Zweig. Ele reconhecia que Zweig tinha consciência do lado obscuro da vida mas não era pessoa a chegar a termos com ele. Quando Zweig perdeu a esperança e sentiu-se traído pela deserção de Romain Rolland para as fileiras comunistas, Roth escreveu-lhe: "Porque o sr. vê o crepúsculo se aproximando, o sr. está desorientado diante do fenômeno da noite que logo descerá e ainda acredita que ela vem para contrariá-lo" (julho, 1937).

Roth demonstrou sua aguda compreensão do problema de Zweig ao afirmar que o anjo da claridade, ao defrontar-se com o crepúsculo, é tão impotente quanto ele, Roth, à mercê de sua turbulenta alma. O epílogo da trágica vida de Zweig provou a veracidade desta percepção.

III

O protagonista da correspondência, todavia, deve ser visto como o próprio Joseph Roth. A maioria de seus diálogos com Zweig versava sobre queixas de suas mulheres, "pedras amarradas ao meu pescoço", sua saúde, e, o mais importante, sua situação financeira. Ele era o injustiçado neste relacionamento porque precisava de Zweig como financiador, pai-confessor e consolador. Suas cartas para Zweig podem ser entendidas como dirigidas a um pai substituto ou adotado, e a complicada ambivalência nelas contida exprime a conseqüência compreensível desta atitude fundamental.

Roth odiava a si mesmo por ser um *schnorrer** incapaz de

---

* *Schnorrer:* em iídiche, miserável, pedinte, achacador.

mudar: "Corro por aí com a língua de fora, um *schnorrer* com a língua de fora e o rabo abanando" (fevereiro, 1936). A imagem do cachorrinho faminto de língua de fora era somente uma de suas auto-representações humilhantes. Freqüentemente ele se retrata com um hipocondríaco: "Sinto-me humilhado todo dia e meu desprezo por mim mesmo se transforma em doenças físicas de todos os tipos" (dezembro, 1935).

Ele estava consciente dos aspectos psicossomáticos de seus problemas e que o senso de inferioridade e de ódio contra si mesmo era uma das origens de sua condição física. Aplicando a si mesmo os epítetos de *schnorrer* e *nebich** (agosto, 1937) que conotam desamparo, dependência e miséria, sublinhava sua filiação à comunidade judaica e sua participação na autocondenação coletiva. O problema e o significado da identidade judaica eram os principais assuntos nas cartas de Roth para Zweig e com nenhum outro correspondente ele tratou da questão com tanta intensidade: o diálogo transformou-se gradativamente em discussão do destino judaico e foi nos termos deste assunto que Roth desempenhou o autovexatório papel conotado pelas palavras em iídiche.

Em Zweig, Roth encontrou um judeu assimilado que, ao menos em sua correspondência, parecia imperturbado por sua identidade e não se sentia culpado dela, Zweig enfatizava sua inocência e sua incapacidade em compreender a razão das perseguições. Em seus contatos com os almães durante o caso de Richard Strauss [3], ele ressaltou que era Stefan, e não Arnold Zweig, dando a entender que a perseguição a Arnold Zweig era justificada por causa de suas tendências políticas esquerdistas, enquanto ele, Stefan, era tão inocente e apolítico como uma criança. Ele não podia compreender ou não queria aceitar o fato de que Arnold fora vitimado simplesmente por sua origem judaica. Roth invejava Zweig por esta incapacidade de compreender o destino, porque ele mesmo o interiorizava, sentindo que sua perdição era merecida e que sua agonia era causada em primeiro

---

* *Nebich*: em iídiche, coitado.

3. Stefan Zweig foi convidado por Richard Strauss para escrever um libreto para uma opereta sua. Neste meio tempo, Strauss foi nomeado Comissário Nazista para a Música. Quando, por isto, o nome de Zweig foi trazido à imprensa, Strauss apressou-se em inocentá-lo de envolvimentos políticos. Nesta ocasião foram lançadas acusações sobre o escritor Arnold Zweig que não tinha nenhuma relação com Stefan.

lugar por sua origem e identidade judaicas. É por isso que ele se sentia ofendido e humilhado quando Zweig o chamou de "um pequeno pobre judeu" (março, 1936), assim como os milhões de outros que tiveram de adaptar seu estilo de vida aos fatos desconfortáveis. Roth respondeu afirmando que ele se orgulhava de suas "baixas" origens judaicas: "O que é um pequeno pobre judeu, o sr. não precisa contar exatamente para mim. Desde 1894 eu o sou e com orgulho. Um *ostjude** crente de Radziwillow. Deixe disso! Pobre e pequeno eu fui durante trinta anos. Eu sou pobre" (abril, 1936).

Em geral, em sua correspondência e em outras áreas de sua vida, Roth tentava energicamente negar suas origens judaicas. Chegou a fabricar o mito de que era filho ilegítimo de um pai não-judeu. Fazia questão de proclamar que ele reagiu ao nazismo e a qualquer outro desafio político ou existencial como um ser humano e não como judeu (julho, 1935). Estas declarações de cosmopolitismo, no entanto, não impediam a transformação de seu auto-ódio, com suas causas muito pessoais e psicológicas, em auto-abominação judaica. A auto-aversão pessoal exprimia-se no sentido de que ele era um estorvo para Zweig. Via-se como o filho das forças no inferno e da escuridão, aprisionado pelos fantasmas de sua alma caótica: "Como estou rodeado pela escuridão de todos os lados!" (julho, 1934).

Apresentava-se perseguido pelo medo de ficar demente como seu pai. Todos estes sentimentos, todavia, eram transmutados em auto-abominação judaica que tomou a forma habitual de repúdio veemente. Roth insistia que sua judaicidade não tinha maior importância na definição de sua personalidade do que seu bigode loiro, por exemplo: "Meu judaísmo nunca me pareceu mais do que um atributo acidental, assim como talvez meu bigode loiro" (julho, 1935).

Ele tentava dar a impressão de ter sido um oficial austríaco e nos últimos anos da década de 1930 desempenhava o papel de monarquista católico. Sua intensa auto-aversão chegava a ponto de comparar o sionismo ao nazismo: "Um sionista é um nacional-socialista, um nazista é um sionista" (agosto, 1935), escreveu Roth

---

* *Ostjude:* denominação utilizada na Áustria para indicar os judeus provenientes do Leste europeu, da Polônia em particular, não totalmente integrados na sociedade de língua e cultura alemãs.

ao repudiar o plano de Zweig de convidar o líder sionista Chaim Weizmann a assinar um manifesto contra os nazistas.

Nos anos da década de 1930 ele ansiava por uma espécie de universalismo e cosmopolitismo que Zweig já havia alcançado sem esforço há muito tempo e perdido como resultado da mudança das circunstâncias históricas. Roth reagiu a estas mesmas circunstâncias de um modo muito peculiar. Ele deplorava o desaparecimento da monarquia dos Habsburgos que sabia extinta para sempre. Reconhecia que só naquele país utópico ele poderia ter vivido com e sem a detestada identidade. Este foi o principal motivo de seu diálogo com Zweig. Embora manifestasse diferentes opiniões em *Judeus Errantes* [4] e descrevesse os judeus com simpatia, como vítimas, em sua correspondência com Zweig e outros, abusa de observações anti-semitas malévolas como por exemplo: "Fora de casa, um judeuzinho surrado, em casa, mimado" (fevereiro, 1929); "Os judeus são estúpidos; só os anti-semitas mais estúpidos acreditam que os judeus são perigosamente espertos" (dezembro, 1932); "Não suporto judeus de baixa estatura com este tipo de cabelo e penteado" (janeiro, 1934).

Zweig reconhecia sua identidade judaica, mas suas raízes eram muito superficiais; as de Roth eram muito mais profundas, mas ele as detestava, e esta ambivalência era exacerbada pela vergonhosa auto-imagem do judeuzinho do Leste europeu alimentado pelo poderoso irmão do Oeste. Roth tentava exprimir sua vergonha denegrindo a identidade comum. Ao mesmo tempo, porém, não permitia a Zweig a ilusão de que os judeus eram perseguidos como indivíduos por terem cometido alguma transgressão específica. Quando Zweig propôs escrever um artigo sobre a situação dos "pais que comeram uvas verdes e os dentes dos filhos se embotaram" (*Jeremias* 31, 28), Roth respondeu ironicamente: "As premissas que o sr. atribui às feras nazistas são falsas: não se persegue os judeus por terem cometido algum crime, mas porque são judeus. Neste sentido, os filhos são tão 'culpados' quanto os pais" (maio, 1933). Apesar de toda sua auto-abominação, ele compreendia a questão judaica existencialmente muito melhor que o assimilado Zweig.

Tais eram os caracteres dos participantes nesta correspondência de contrários. O próprio Roth definiu seu relacionamento em termos de oposições binárias que dramatizam e intensificam as diferenças

---

4. No original *Juden auf Wanderschaft* — 1927.

entre os dois homens. De acordo com Roth, Zweig possuía a graça da razão que faltava a ele, Roth, sendo Zweig um "cidadão do mundo" ou um cosmopolita, enquanto Roth, em sua própria opinião, não o era. Roth achava que Zweig tinha nascido para ser feliz, enquanto ele havia sido impelido para a infelicidade pela simples força das circunstâncias. O contraste entre os dois autores era essencialmente o do judeu desenraizado do Leste e do judeu assimilado do Oeste, uma oposição que Roth empregava freqüentemente em seus romances. Na correspondência entre ambos, esta oposição tornou-se o contraste entre um judeu em permanente fuga (*Fuga sem Fim*[5], um dos romances de Roth) e um judeu expulso de sua pátria real e cultural. Roth deixou o *schtetl* mas nunca criou raízes em lugar algum. Zweig levou consigo para o exílio "o mundo de ontem" como seu coerente paraíso perdido.

Roth projetava-se como uma espécie de Arimã, o deus da escuridão e dono do mal, ou alternativamente, numa versão de Ahasverus, o Judeu Errante, mas também como a vítima dos poderosos demônios de Pan (ele usa freqüentemente a palavra "pânico"). Zweig era representado como uma espécie de Ormuzd, o deus da luz e fonte de todo o bem. A encarnação das sombras ansiava, como o Satã de Milton, pela "luz divina", enquanto o anjo da claridade era fascinado pelas forças da agonia e da desolação.

IV

A gama de tópicos abrangida no diálogo epistolar era muito ampla. Surpreendentemente, o assunto de literatura ocupava importância secundária, mas a ascensão do nacional-socialismo na Alemanha criou um ambiente que forçou a maioria dos intelectuais a tomar uma posição e manifestar sua atitude para com o regime. O diálogo entre os dois correspondentes tornou-se gradativamente mais político à medida que cada um deles endossava diferentes atitudes para com a "nova Alemanha". Roth não alimentava ilusões; Zweig, talvez

---

5. No original *Die Flucht ohne Ende* — 1927.

por causa de seus numerosos interesses na Alemanha, esperava que o nazismo fosse um episódio passageiro na história do país e tentou manter suas relações com a editora Insel até o último instante. Roth, por outro lado, detestava as ingênuas tentativas de Zweig de aproximar-se dos nazistas como se fossem seres humanos racionais. Neste ponto, a correspondência torna-se um diálogo dramático entre o cético e realista judeu errante do Leste europeu e o ingênuo e assimilado judeu liberal centro-europeu que acreditava na bondade fundamental do homem. Roth duvidava que simples palavras pudessem alterar os caminhos da história. Zweig acreditava que podiam. Mas por baixo da superfície do discurso ideológico encontra-se a encenação fictícia da relação entre um filho dependente e um pai adotivo ou um pai-confessor. Ostensivamente Zweig era o mentor literário de Roth e seu arrimo financeiro, mas, na realidade, Roth implorava atenção e afeto. Vez por outra, usando de chantagem emocional, ele dizia a Zweig que se esvaía de fome no seu "leito de morte" e que sucumbiria se fosse abandonado pelo seu protetor. "Eu abuso do sr., é certo, mas preciso do sr. e não posso continuar vivendo sem o sr. Literalmente: não posso continuar a viver" (outubro, 1935).

Às vezes Roth apelava a Zweig como se este fosse Deus, chamando-o *de profundis*: "A quem devo chamar, se não a si? O sr. sabe que Deus demora a responder, geralmente depois da morte. Não quero morrer, embora eu não tenha medo da morte" (dezembro, 1935).

Algumas vezes apelava a Zweig como uma criatura indefesa pedindo perdão e proteção, e outras falava como um filho pródigo confessando amar sincera e lealmente o pai: "Não tenho mais nada a dizer do que a última coisa que se diz no leito de morte. Eu o amo e não quero perdê-lo, é o que lhe digo" (março, 1936).

Quer tomemos estas afirmações no sentido literal ou as aceitemos com certa cautela, elas são a expressão do papel imaginado pelo remetente e a função assumida pelo destinatário que configuram a retórica desta patética declaração de amor. É a carta a um "pai adotivo" de uma criança abandonada, e Zweig, o verdadeiro referente externo, torna-se cada vez menos importante. Por esta razão, as cartas manifestam constantes pedidos e queixas de uma criança resmungona, melancólica e solitária, ansiando por um protetor e sempre na defensiva, sem qualquer sinal do maravilhoso senso de humor que

Roth revelava em vários de seus folhetins ou romances como *O Busto do Imperador* [6] ou *A História da Milésima Segunda Noite* [7].

V

Roth imaginava sua própria vida como a de uma personagem num romance inacabado e reconhecia que sua correspondência com Zweig revelava uma das principais linhas de enredo. Ele escreve a Zweig: "O destino me aflige de um modo tenebroso, com uma vulgaridade simbólica, como querendo imitar um estúpido romancista" (março, 1936).

Agudamente consciente de seu impulso de autodestruição, tinha a premonição de que sua vida teria um fim trágico. Via-se à mercê do vício da bebida e apegava-se a Zweig como a um guardião cuja função e obrigação era retardar a hora da execução. Os presentes, os favores pessoais e as benevolentes cartas de Zweig eram a última barreira contra o impulso destruidor de Roth, tomado de pânico, a caminho do suicídio inconsciente.

Este drama, desenvolvendo-se passo a passo, tem correlativos formais na seqüência da correspondência. A estrutura do pseudo-romance epistolar, obviamente, não tem leis internas a regê-lo. O ritmo do intercâmbio de cartas, não sendo determinado por um "autor implícito", dependia de fatores extrínsecos e não literários. Refletem-se, no entanto, mudanças e reviravoltas no ritmo da correspondência, nas variações do estilo, no tom e nas maneiras. A correspondência começou em 1927, bastante formal de início. A primeira carta de Roth foi em resposta a comentários elogiosos de Zweig a respeito de seu livro *Judeus Errantes*, publicado em 1927. Seu primeiro contato, portanto, foi a respeito de um assunto de interesse judaico, assim como o foi a continuação da correspondência, na sua maior parte.

Durante dois anos Roth costumava dirigir-se a Zweig com a

---

6. No original *Die Büste des Kaisers* — 1934.
7. No original *Die Geschichte von des 1002 Nacht* — 1939.

habitual e bastante formal maneira epistolar alemã: "Sehr verehrter Herr Stefan Zweig" (Mui Prezado Sr. S.Z.). Nos anos subseqüentes, no entanto, o contato tornou-se menos literário e formal e mais pessoal. Isto se manifestava na fórmula introdutória "Sehr verehrter und lieber Herr Stefan Zweig" (Mui Prezado e Caro Sr. S.Z.) que aparece de 1.º de abirl de 1930 em diante. Não era somente uma variante formal, mas o sintoma de uma verdadeira intensificação da intimidade. Em meados do mesmo ano, Zweig tomou a iniciativa de pedir que Roth não se dirigisse mais a ele como "Herr" (senhor), e, conseqüentemente, Roth escreve-lhe com "prezado e caro Stefan Zweig", omitindo o mais formal "Herr". Na semana em que decidiram abolir a formalidade, o número de cartas aumentou. Roth escreveu três cartas a Zweig durante a semana de 22 de setembro.

A partir de 1930, houve vários períodos em que a correspondência tornou a intensificar-se: maio de 1933, julho de 1933, setembro e novembro de 1933, junho e julho de 1934; agosto, outubro, novembro de 1935, janeiro e março de 1936, e, finalmente, agosto e setembro de 1937. Cada um destes períodos tinha seu assunto predominante. Eventos externos, tais como a ascensão de Hitler, forneciam o pretexto, mas a necessidade recíproca de resumir o sentido existencial de suas condições humanas também fazia a sua parte.

Em 1932 houve uma alteração para uma intimidade mais cordial. Roth e Zweig deixaram de dirigir-se um ao outro pelos nomes e prenomes, e adotaram a fórmula "caro amigo" e, desde então, a atitude de Roth torna-se cada vez mais ambígua, atormentada e complexa, enquanto a reação de Zweig fica mais apologética e defensiva. A correspondência, que se iniciou como um contato social, terminou com um conflito pessoal. Roth desvenda a intensidade do relacionamento em uma das últimas cartas a Zweig, onde transparece o tom de mágoa de um ser humano abandonado e ofendido: "Existem tantos vínculos entre nós, que seria absurda a indiferença ou a malevolência. Meu silêncio é somente uma repreensão muda e crônica" (julho, 1938).

As últimas palavras neste diálogo sai de Zweig (dezembro, 1938): desculpa-se por um pecado que ele nunca cometeu conscientemente. Exprime um mal-estar provocado pelo sentimento da mágoa de Roth: "Caro Joseph Roth, escrevi-lhe três ou quatro vezes sem obter resposta e acredito, em nome de nossa velha amizade, ter o direito de perguntar-lhe o que o sr. pretende com este silêncio teimoso e, espero, sem mágoa" (dezembro, 1938).

O resto foi silêncio. Os dois amigos nunca mais se corresponderam nem se encontraram e seus "enredos" nunca mais se desenrolaram em cartas, mas em âmbitos independentes e da vida real.

O relacionamento chegou ao fim no último ano de vida de Roth, quando este cometeu suicídio pelo alcoolismo. A relação de pai e filho adotivo terminou em desencanto e desespero, porque o "pai" foi incapaz de desempenhar o papel que o "filho" lhe havia atribuído. Mais tarde, o "pai" seguiu seu próprio caminho, em outro ponto do globo, no Brasil. Assim, os nossos dois personagens tiveram ambos um fim trágico ou, como Roth o exprimiu, "de uma forma simbólica mas terrivelmente vulgar, como se o destino imitasse um romancista tolo". Se na leitura e interpretação deste romance pseudo-epistolar estamos condicionados pelo conhecimento do trágico final com o suicídio de ambos os protagonistas, será que o ato de nossa leitura também não nos condiciona inevitavelmente para além das páginas da ficção, em direção ao presente histórico, ao cenário da vida do próprio leitor?

4. QUÃO JUDAICO É UM ROMANCE JUDAICO-ALEMÃO? *JOB, O ROMANCE DE UM POBRE PROFESSOR,* DE JOSEPH ROTH[1]

I

Quando *Job, O Romance de um Pobre Professor,* de Joseph Roth, foi publicado em 1930, a receptividade por parte do público e da crítica foi muito positiva. Heinrich Lützeler em *Hochland*[2], Ludwig Marcuse em *Tagebuch*[3] e Arnold Zweig em *Literarische Welt*[4], elogiaram-no unanimemente. Os títulos das críticas falam por si: "Um Novo Mito de Jó" (Marcuse); "O Grande Mito" (Zweig); "...um dos mais autênticos romances de nossa época" (Lützeler). As primeiras reações ao romance trataram de seu *phatos* religioso e social, analisando também sua relação com a tradição judaica. *Job* é certamente a obra mais judaica de Roth, comparável somente à sua novela *Leviatã*[5], ao contrário de *Judeus Errantes*[6], que diz mais respeito a judeus do que à judaicidade.

A distinção encaminha-nos diretamente à questão do que significa "judaico" neste contexto. Afinal, o livro é escrito em alemão e

---

1. ROTH, Joseph, *Hiob, Roman eines einfachen Mannes,* Berlin, Kiepenheuer, 1930. Existe uma tradução brasileira: *Job, O Romance de um Pobre Profesor,* trad. Dom José Paula da Câmara, São Paulo, Livraria Martins (s.d.). Uma outra edição foi publicada pelo Clube do Livro, São Paulo, 1950.
2. LÜTZELER, Heinrich, "Neue Romane", *Hochland,* 29, Jahrgang, Oktober 1931 — März 1932, Band I, pp. 267-268.
3. MARCUSE, Ludwig, "Eine neue Hiob-Legende", *Das Tagebuch,* 1-11-1930, 11. Jahrgang, Heft 44, pp. 1772-1773.
4. ZWEIG, Arnold, "Die grosse Legende", *Die literarische Welt,* 7, Jahrgang, Nr. 2, 9-1-1931.
5. Título original *Leviathan.*
6. Título original *Juden auf Wanderschaft* (1927).

Roth é indubitavelmente um escritor alemão. Ninguém argumentaria, por exemplo, que o romance *A Marcha de Radetzky*[7], de Roth, seja um romance judaico. Parece, portanto, que somente aqueles romances escritos por autores judeus e que também contenham um tema assim chamado judaico podem ser designados como "judaicos". Na prática, todavia, a definição é insuficiente. Seriam judaicos o romance de Arthur Schnitzler *Caminho para a Liberdade*[8], ou seu drama *Professor Bernhardi*[9], simplesmente porque tratam de temas judaicos? Em oposição, são judaicas as obras de Kafka, totalmente não-judaicas, visto não se achar nelas nenhum tema explicitamente judaico? Ou ainda, seria realmente mais judaico o romance de Jakob Wassermann, *Os Judeus de Zirndorf*[10], que, aparentemente, tem um tema judaico, do que o seu *O Processo Maurizius*?[11] Quais são, pois, os critérios de literatura judaica em língua alemã? Será o tema, o estilo ou talvez algum outro critério o fator determinante?

II

Em primeiro lugar, consideremos *Job* de um ponto de vista estilístico, embora este não seja o único fator determinante, podendo, todavia, servir de fundamento para uma teoria de síntese. Meu ponto de partida, neste contexto, será o caso da literatura hebraica. É de conhecimento geral que a moderna literatura hebraica foi criada numa época quando o hebraico não era mais uma língua falada. Até a Primeira Guerra Mundial o hebraico era uma língua exclusivamente escrita. Os judeus liam e escreviam hebraico, mas falavam iídiche ou a língua do país onde viviam na Diáspora, tal como alemão, russo ou polonês. A moderna literatura hebraica criou sua própria lín-

---

7. Título original *Radetzkymarsch* (1932). Há uma edição brasileira: *A Marcha de Radetzky*, trad. Luiza Ribeiro, São Paulo, Difel, 1984.
8. Título original *Der Weg ins Freie*, Berlin, S. Fischer, 1908.
9. Título original *Professor Bernhardi*, Berlin, S. Fischer, 1912.
10. Título original *Die Juden von Zirndorf*, Berlin, S. Fischer, 1918.
11. Título original *Der Fall Maurizius*, Berlin, Fischer, 1928. Existe uma tradução brasileira: *O Processo Maurizius*, trad. Octávio de Faria e Adonias Filho, São Paulo, Civilização Brasileira. Uma outra edição foi publicada pela Ed. Abril em 1982.

gua literária. Assim, naquela época, o hebraico não podia ser ainda mimético com respeito a realidade; seu estilo era *sui generis*. Um diálogo em iídiche ou em qualquer outra língua estrangeira era traduzido para o hebraico. A linguagem comum da população foi introduzida na língua literária e cultural. A arte criou um mundo em que o hebraico era falado muito antes que o povo usasse esta língua como meio de comunicação oral.

Menciono o fato para enfatizar que Roth também não procedeu mimeticamente em *Job*. A linguagem falada pelas personagens neste romance também é uma língua traduzida. Nem Mendel Singer, nem sua família ou os vizinhos falavam alemão. Os judeus, provavelmente, falavam iídiche entre si; com os não-judeus, na Rússia falavam russo, e na América, inglês. Quando os filhos de Mendel Singer falam inglês entre si, é sinal de total assimilação. Ao contrário de Schnitzler em suas obras "judaicas", o objeto lingüístico de Roth em *Job* não era o alemão mas o iídiche. Suas personagens falam como as de Scholem Aleichem e Isaac Bashevis Singer (não o alemão do Herr von Trotta em *A Marcha de Radetzky*). Meu argumento é que esta característica do objeto mimético é um dos possíveis traços distintivos da "judaicidade" do romance judaico-alemão. A obra de arte lingüística é, neste caso, a tradução de diferentes línguas faladas para uma linguagem literária existente. Em *Job* o alemão serve como elemento de estilização de padrão lingüístico e cultural da comunidade judaica como unidade cultural.

III

Outra característica judaica do romance, mais importante ainda, é o que eu gostaria de chamar de sócio-semiótica do mundo fictício: um sistema de signos que só pode ser decifrado de acordo com o código de um determinado grupo social. Embora os signos possam ser traduzidos literalmente, o significado do signo tem um valor semiótico variável em diferentes grupos sociais. Por exemplo: "branco", na China, significa luto. Seu antônimo "preto" significa o mesmo nas culturas européias. A tradução do fonema "preto" em chinês significa a mesma cor no sistema de signos das cores, mas o contrário na semiótica das cores. Qual o significado de palavras como "missa", "sacramento", ou "papa" em hindu, chinês ou mesmo em hebraico quando traduzidas literalmente? Por outro lado, que sentido têm para o público leitor de língua alemã signos como *matzá* * (traduzido por Roth como pão pascal), *tefilin* **, "Rebe hassídico" ***, *Kol Nidrei* ou "cossaco"? O que significa para o leitor hipotético de Roth a sentença escrita em correto e puro alemão coloquial: "Os filhos de Mendel Singer são infelizes. São filhos de um mestre-escola". Por que deveriam ser infelizes os filhos de um mestre-escola? Ou, por que um mestre-escola e conseqüentemente toda a classe docente, deve ser considerada como vítima da infelicidade? A relação professor-vítima da infelicidade será realmente compreensível para um leitor alemão hipotético?

A resposta pode ser encontrada na sócio-semiótica judaica. A palavra "mestre-escola" é a tradução da palavra iídiche-hebraica *melamed* que significa o mesmo que professor de escola elementar. Na sociologia judaica, esta é a profissão mais mal remunerada e mais baixa na escala social. A palavra é muitas vezes usada como sinônimo de *shlimazel,* pessoa azarada. O instrutor na *ieschivá,* ao contrário, que leciona nos graus superiores, tem elevada posição na hierarquia social. Mendel Singer é, portanto, um *melamed* inferior e desprezado. Somente compreendendo devidamente o código deste grupo social, pode saber-se por que os filhos de Mendel Singer têm de sofrer devido ao *status* do pai. O leitor de língua alemã não compreende isto diretamente. Ele terá de traduzir primeiro o que leu para o seu próprio sistema de signos. Toda compreensão literária consiste, portanto, em traduzir da sócio-semiótica distante para uma mais próxima e somente isto engendra a empatia no ato da leitura.

O romance de Roth faz uso abundante da sócio-semiótica judaica. Os gestos, o culto e os costumes são judaicos. Mendel reza três vezes ao dia; sua mulher pede ajuda ao Rebe para realizar a cura de Menuchim; os trajes e os feriados correspondem à tradição judaica.

---

* *Matzá:* em hebraico, pão ázimo ingerido na Páscoa.
** *Tefilin:* em hebraico, filactérios; cubos contendo inscrições de textos bíblicos, atados por tiras de couro que são enroladas no braço e na cabeça pelos judeus praticantes, durante as orações matinais.
*** *Rebe hassídico:* em iídiche e hebraico, rabi do movimento religioso hassídico.
**** *Kol Nidrei:* em hebraico, literalmente "todas as promessas". Referência às palavras iniciais da prece do dia da Expiação.

Um exemplo do jogo de significado dos signos semióticos é a cena onde Miriam, a filha de Mendel, com curiosidade infantil entra na Igreja. Sua mãe segue-a para salvá-la: "Débora pondera durante um instante, depois precipita-se para dentro da igreja, dentro do brilho dourado, da música envolvente, do som retumbante do órgão". A mãe segue-a para salvá-la, mas fica tão perturbada pela visita à igreja quanto o pai ao encontrar a menina, anos depois, nos campos, com o cossaco. Igreja e cossaco representam experiências traumáticas para os judeus. São símbolos negativos sinalizando terror e angústia, símbolos de *pogroms* e perseguições. Não são, portanto, signos a expressar algo objetivo, mas signos num sistema semiótico que, para este grupo, significam "o inimigo" ou "a perseguição".

Quando Mendel Singer pensa: "Aqui meu avô foi mestre-escola, aqui meu pai foi mestre-escola. Agora eu vou para a América. Os cossacos pegaram meu filho Jonas. Querem pegar a Miriam também...", a frase tem um significado múltiplo, e sua semântica só pode ser compreendida com o respaldo da semiótica religiosa da comunidade judaica. A profissão de *melamed* certamente não é honrosa; ela combina, no entanto, com a tradição familiar. Tradição e cossacos funcionam aqui como oposições binárias. O cossaco é o símbolo não só do mundo perseguidor, mas também do mundo sedutor dos não-judeus. Tradição significa Deus; o cossaco é o diabo. Moralidade e instinto são os pólos temáticos do romance. Estes pólos são simbolizados pelas estruturas sócio-semióticas mestre-escola/pai e cossaco/mundo do não-judeu. O cossaco representa mais do que o elemento de um grupo étnico russo de que se compõe em grande parte o exército russo. Ele é, em primeiro lugar, o símbolo do chacinador de judeus, o que é compreensível pela experiência histórica dos judeus. E, mais ainda, a palavra "cossaco" torna-se no romance metáfora de ofensas sexuais e expressão de xenofobia. "Mendel Singer sabe que Mac não é judeu, os cossacos também não são judeus. As coisas não chegaram a este ponto ainda." E mais adiante: "Ela (Miriam) foi dançar com Gluck, ela foi nadar com Gluck. Um novo cossaco, pensou Mendel, mas não disse nada". Cossaco, aqui, tornou-se metáfora de pecados sexuais. Não sabemos se Gluck é judeu ou não, mas isso não é mais relevante, porque, como "cossaco", ele representa o mundo do diabo.

"Mestre-escola" e "cossaco" são apenas dois exemplos da sóciosemiótica do romance. Grande parte dos símbolos estruturantes são derivados do ritual do culto religioso judaico: filactérios e xale de oração, os salmos, a oração do novo mês, o valor simbólico do mês de Av, no qual o Grande Templo foi destruído, e o mês de Elul, o último mês do ano judaico antes das Grandes Festas e do Yom Kipur, o Dia da Expiação. Do mesmo modo, é usada simbolicamente a semiótica das leis dietéticas judaicas. Pão ázimo *(matzá)*, o vinho da Palestina no ritual da Páscoa e a carne de porco, cada um possui seu significado simbólico próprio. Os pensamentos de Mendel com relação à carne de porco no Yom Kipur, a festa religiosa máxima, são a expressão mais profunda de sua revolta contra Deus. Mais especificamente ainda, a possível queima dos filactérios pode ser designada como a última ruptura com Deus: "O fogo envolverá lentamente as páginas do livro e as transformará em cinzas prateadas. As letras pretas ficarão vermelhas como sangue por alguns segundos".

Um exemplo da semiótica das vestimentas ocorre no primeiro encontro dos judeus recém-chegados à América com seu filho americanizado. O narrador descreve "as novas roupas" de Schemaria do ponto de vista de Mendel ao comentar: "Eles (Mendel e a esposa) enxergavam Schemaria e Sam ao mesmo tempo, como se Sam tivesse sido virado ao avesso de Schemaria, um Sam transparente". Aqui, o significado semiótico de roupa é tomado do âmbito do cotidiano judaico. Para captar corretamente o sentido, o leitor implícito terá de traduzir do exótico e esotérico mundo judaico, estranho para ele, para a semiótica de seu próprio ambiente. Para isso, em termos do que a vestimenta comunica, o autor implícito emprega a "estranha linguagem", embora ele fale alemão com o leitor.

IV

O nível judaico do romance é encontrado em camadas mais profundas ainda. O sentido deste nível é mais significativo do que parece, quando cotejado com os temas. Como ficará demonstrado, este romance de emigração, um "romance de formações", é, na realidade, a descrição de um processo de assimilação. Encontramos o tema com freqüência na literatura iídiche e hebraica de fins do século XIX e começo do século XX. O romance de Scholem Aleichem,

Tevye, o Leiteiro[12], que ficou famoso pela sua versão na comédia musical *O Violinista no Telhado,* descreve o efeito trágico, ou melhor, patético, que o processo de assimilação provoca no pai consciente da tradição. Achamos o mesmo tema em Israel Ieoschua Singer e Isaac Bashevis Singer, assim como em contos e romances hebraicos de autores como Micha Yossef Berditschevsky, Itzhak Dov Berkovitz e Yossef Chaim Brenner.

O tema específico de Roth, a emigração como processo de assimilação, é tratado por Scholem Aleichem em seu romance *Motel, Filho de Peyssi, o Chantre*[13]. O mesmo tema aparece em contos de escritores judaico-americanos como em *Ascensão de David Levinsky*[14], de Abraham Cahan e *Chame-o de Sono*[15], de Henry Roth. Sem entrar neste tema específico com mais detalhes, gostaria de enfatizar a íntima vinculação deste tema em *Job* com a literatura judaica. Visto não podermos falar em influência mútua aqui, devemos assumir que semelhanças na estrutura social e nos acontecimentos da vida dos autores conduziram a este paralelismo literário. Os "produtos" literários também se originaram de ambientes quase semelhantes. No caso de *Job,* um autor judaico-alemão prova estar fortemente influenciado por antecedentes judaicos do Leste europeu. Claudio Magris tratou deste problema em sua obra crítica *Longe de Onde?*[16]

V

Partindo deste ponto de vista, gostaria de descrever este nível que me parece ser o mais significativo. Corresponde àquilo que Roland Barthes chama de "código cultural", embora outros estruturalistas se refiram a ele como "alusões intertextuais" da obra literária.

---

12. Título original *Tevye, der Milchiguer*, publicado em partes a partir de 1894.
13. Título original *Motl Peyssi dem Chazns,* publicado em partes a partir de 1909.
14. Título original *The Rise of David Levinsky*, New York, Harper & Row, 1917.
15. Título original *Call it Slepp* (1934).
16. MAGRIS, Claudio, *Weit von Wo, Verlorene Welt des Ostjudentums,* Wien, 1971.

O *Job* de Roth é extremamente rico em alusões literárias a vários textos do cânon judaico. Referências a mitos judaicos tradicionais, lendas e arquétipos encontram-se tanto no micro quanto no macrotexto. No microtexto, por exemplo, há uma alusão ao sacrifício de Isaac ou à consagração de Samuel: "Ela segurou o filho com ambos os braços, como fazendo uma oferenda". A lenda do Leviatã, inspirada num Midrasch, também é mencionada no romance. A América e Nova York também são parodiadas conforme a tradição judaica: "Sempre se dizia que a América era 'a terra do próprio Eterno', assim como a Palestina o era antigamente; e Nova York era 'a cidade dos milagres', como Jerusalém o era". A tradicional escatologia judaica serve de recurso parodístico, entre a realidade e o mundo que virá.

Alusões intertextuais aparecem constantemente no texto. Mais reveladora ainda é a intertextualidade do macrotexto. O título refere-se claramente ao Livro de Jó. Mendel Singer, para usar a terminologia de Northrop Frye, é um Jó do "baixo mimético" ou do "modo irônico". Ao contrário do herói trágico de uma tragédia grega, ele é o *pharmakos,* a vítima irônica de uma luta impessoal de poderes. Assim como Jó, Mendel também perde a esposa, dois de seus filhos, e sua filha Miriam, perdendo a sanidade mental, tem de ser internada numa instituição. Do mesmo modo ainda, ele assume que seu filho mais jovem, o inválido Menuchim, a quem havia deixado na Rússia, também está morto. Assim, a estrutura apresenta muitos paralelos com o Livro de Jó. O equilíbrio da estável e medíocre vida de Mendel (ele nunca foi tão feliz como Jó) é destruído pelos cossacos. O pecado é representado pelo abandono de Menuchim na Rússia; a emigração leva à catástrofe pela morte de Schemaria e Débora, seguida de sua revolta contra Deus, do miraculoso ato de salvação e da ressurreição. Os quatro amigos de Mendel, Skowronek, Rotenberg, Groschel e Menkes são a irônica transformação dos quatro amigos de Jó: Elifaz, Zafar, Bildade e Eliú. O importante nestas alusões bíblicas é o contraste parodístico entre o original e o texto moderno. O Jó moderno não é um poeta que sabe exprimir sua trágica cosmovisão em monólogos; ele é, antes, o herói mudo que transforma seus pensamentos de rebelião em ações simbólicas, parodiando deste modo o Jó bíblico. O moderno joão-ninguém que não sabe como arrumar sua própria vida, só é capaz de exprimir-se com ajuda de seus *tefilin,* recusando-se a colocá-los. O texto tradicional foi sócio-semioticamente transformado. Enquanto o Livro de Jó pertence decididamente ao patrimônio da cultura geral, o *Job* de Roth está paradoxalmente muito mais arraigado na cultura da comunidade judaica. Mendel Singer é o anti-herói ritual e não o herói das declarações poéticas.

A estrutura do romance, todavia, não é baseada somente no Livro de Jó. Após a imigração para a América, observam-se duas diferentes linhas de enredo. A fábula de Mendel Singer, isto é, a lenda de Jó, é a mais óbvia. A segunda linha permanece oculta até a peripécia ou mudança do destino no fim do romance se revelar somente com o feliz retorno de Menuchim, o filho perdido.

À medida que Menuchim ascende cada vez mais alto à felicidade e ao sucesso, Mendel afunda mais e mais no seu desespero. O entrecruzar e o encontro das duas linhas de enredo conduz, finalmente, à salvação. Pode-se ver em Menuchim simplesmente a lenda do patinho feio que, por meio de sua música, torna-se o belo cisne no final da fábula. Parece-me, todavia, que também esta trama é baseada em lenda bíblica, a história de José: o jovem José, quase morto por seus irmãos, é abandonado em terra estranha. Adulto, torna-se poderoso, ascende em importância, podendo salvar a família da morte pela fome. A semelhança da história de Menuchim é evidente. Quando Menuchim se revela ao seu pai, ele se torna o salvador dos necessitados. A *anagnorisis* é aqui a peripécia positiva, uma mudança na linha do enredo. O aparecimento repentino de Menuchim na sala, em meio à família reunida, durante a celebração da Páscoa, é uma clara alusão à vinda do Messias. Ele entra no exato momento em que, de acordo com o costume judaico, Elias, o Profeta, precursor e arauto do Messias, é esperado. Assim, a estrutura interna do texto é determinada por duas das mais conhecidas lendas do cânon judaico.

VI

Por essa razão, o romance pode ser interpretado como paródia das duas histórias bíblicas. O mito de Jó conta a história do fiel servo de Deus que, tentado, rebela-se contra Ele, sem contudo quebrar o último vínculo, sendo salvo, afinal, pela graça divina. A lenda de José é a história do menino que, traído por seus irmãos e vendido como escravo num país estranho, torna-se poderoso na nova terra graças ao seu talento e à sua inteligência, salvando assim a sua família. A lenda de José é o primeiro exemplo de assimilação positiva. O judeu José luta no Egito por reconhecimento, hierarquia social e integração. José ainda é o protótipo de Samuel, o ministro de reis espanhóis [17], assim como o Judeu Süss [18], por cuja influência junto aos gentios serão salvos os irmãos judeus. O "José" de Roth é um artista que se torna rico e famoso por meio de sua música, e o milagre que salva Mendel é um ato humano e não divino.

A primeira linha de enredo da lenda de Jó é uma história de assimilação negativa. O processo de assimilação destrói a família de Mendel, fazendo dele uma figura de Jó. Os filhos são mais fiéis às suas novas pátrias do que à tradição paterna (ambos morrem em exércitos estranhos: Jonas no exército do Czar e Schemaria no exército americano). Miriam é vítima de tentações sexuais do mundo exterior. Os processos de assimilação "nacionalista", assim como o sexual, são valorizados negativamente e vistos como destrutivos pelo narrador, ao contrário do processo de assimilação artístico que é avaliado positivamente. Ao viajar nas Grandes Festas com seu filho e salvador, Mendel não vê nisso revolta contra Deus, nem pecado, mas simplesmente o cumprimento da vontade divina.

Roth situa os dois processos assimilatórios em oposição recíproca, procurando mostrar que a assimilação artística "positiva" realiza a reconciliação entre as gerações, enquanto a "negativa" causa o conflito. O artista assimilado recebe o reconhecimento de judeus e não-judeus graças a seu talento, sendo capaz de salvar a família.

Claudio Magris interpreta *Job* como um romance nostálgico e conservador. Ele afirma: "*Job* é o romance irônico de um intelectual, que, justamente por este motivo, propõe a reconstrução total do mundo e do humanismo do judaísmo do Leste europeu, por sentir sua perda e sua irrecuperável distância do mesmo... Neste sentido, seu conservadorismo de coloração hassídica se opõe a qualquer forma de messianismo revolucionário judaico". Não posso concordar com esta

---

17. Ref. a Samuel Ibn Nagrela, cognominado Samuel Hanaguid (993-1056).
18. Personagem do livro homônimo de Lion Feuchtwanger. Existe uma tradução brasileira de Álvaro Franco, Porto Alegre, Ed. Globo, 1934. Uma outra edição foi publicada pela Ed. América em 1959.

leitura de *Job*. As lendas judaicas que constituem o fundamento do romance são a interpretação mitológica de situações e desenvolvimentos sociológicos, embora esta minha interpretação não seja, de maneira alguma, conservadora. A obra se refere muito mais a uma certa forma de assimilação característica do judaísmo do Oeste europeu, não só possível para o judaísmo do Leste a desintegrar-se, mas também desejável e digna de ser alcançada por si só. Este processo de assimilação, se, de um lado, é um mau presságio que aniquila e destrói o judaísmo, de outro, ele o salva, assim como José salvou a sua família.

O romance é o confronto com um dos mais importantes problemas do judaísmo moderno. A intertextualidade proporciona uma nova dimensão, mais profunda, ao tema judaico. Enquanto esclarece o significado múltiplo do processo de assimilação, trata de um dos mais importantes temas da moderna literatura judaica, não só em língua alemã, mas também em hebraico, iídiche e inglês. Dentre os últimos, destacam-se: *A Ilha por Dentro*[19], de Ludwig Lewisohn; "Eli, o Fanático" e "A Conversão dos Judeus"[20], de Philip Roth; "O Pássaro Judeu"[21] e possivelmente *O Ajudante*[22], de Bernard Malamud, assim como *O Rabino Pagão*[23], de Cynthia Ozick.

VII

Trabalhando com o *Job*, de Roth, à guisa de exemplo, tentei destacar alguns dos critérios e diretrizes para a compreensão do romance judaico em língua alemã e, concluindo, eu gostaria de resumir

---

19. Título original *The Island Within* (1928).
20. Títulos originais "Eli the Fanatic" e "The Conversion of the Jews" Ambos os contos encontram-se traduzidos em *Goodbye, Columbus e outros contos*, trad. Luís Horácio de Mata e Álvaro Cabral, Rio de Janeiro, Expressão e Cultura, 1970.
21. Título original "The Jewbird". O conto encontra-se em *Idiots First*, 1950. Existe uma tradução brasileira do livro: *O Nu Despido e Outros Contos*, trad. Luiz Fernandes, Rio de Janeiro, Bloch, 1969.
22. Título original *The Assistant*, trad. Edílson Alkmin Cunha, Rio de Janeiro, Bloch, 1970.
23. Título original *The Pagan Rabbi*, Dutton, 1983.

as respostas à pergunta: "Quão judaico é o romance judaico-alemão?", colocada no início do ensaio.

Vimos que o objeto mimético do romance não é o alemão, mas uma tradução para o alemão. A sócio-semiótica dos costumes sociais e símbolos são derivados do mundo judaico, devendo ser transportados pelo hipotético leitor alemão para o seu próprio universo lingüístico. Os fundamentos intertextuais de mitos, lendas, alusões e arquétipos, radicam nos textos judaicos canônicos, como o Velho Testamento, fábulas apócrifas e outras fontes. Duas destas lendas judaicas abrangem linhas paralelas ao enredo do romance. O enredo é uma nova interpretação destes textos tradicionais de acordo com a moderna realidade judaica. O romance apresenta, ao mesmo tempo, um dos mais significativos problemas do judaísmo no século XX e destaca pelo menos uma possibilidade de solução. É viável, por todos os modos, assumir que esta solução também seja a resposta pessoal de Roth ao dilema judaico.

5. O CASO WASSERMANN

"Nós os conhecemos, caro amigo, conhecemo-lo e sofremos por sua causa: estes milhares de assim chamados judeus modernos, que roem todos os fundamentos porque eles mesmos não os possuem; que hoje desprezam o que ontem conquistaram, hoje conspurcam o que ontem amaram; que se deleitam com a traição, que se ornamentam com a falta de dignidade e cujo objetivo é a negação" [1].

I

O Processo Maurizius, de Jakob Wassermann, tornou seu autor famoso na época da publicação. Recentemente, Wassermann tornou a ser lido na Alemanha e nos países de língua alemã.

Trata-se de um auto que, em *Meu Caminho como Alemão e Judeu*[2], chama a si mesmo de "judeu alemão", em oposição a "judeus judaicos", de quem durante toda a sua vida quis aproximar-se, mas com os quais nunca conseguiu identificar-se. Lendo hoje suas obras (morreu em 1934), após o holocausto dos judeus alemães, torna-se necessária uma nova avaliação de sua obra. Ele e seus amigos contemporâneos, Franz Kafka, Arthur Schnitzler, Karl Kraus, Franz Werfel, Max Brod e Joseph Roth, obviamente não mudaram,

---

[1]. Jakob Wassermann, extraído de uma carta a Martin Buber, in *Lebensdienst*, Leipzig, 1928, p. 276.
[2]. Título original *Mein Weg als Deutscher and Jude*, Berlin, Fischer, 1921.

mas nós, seus leitores, mudamos, e as obras literárias não vivem apenas dentro dos limites materiais do papel e da tinta impressa, mas dependem dos parâmetros que a gradativa mudança impõe às experiências individuais e coletivas.

Qualquer leitor contemporâneo que hoje leia os capítulos iniciais ou a conclusão de *O Processo*, de Kafka, sente a presença de fatos que não existiam no tempo de Kafka, embora este os tenha previsto na sua realização histórica. Ainda que contra a vontade (embora em seu benefício), a obra literária é entremeada de eventos históricos e os leitores que visualizavam uma forma de polícia secreta até certo ponto inocente, ao ler *O Processo* nos anos 30, hoje, na década de 1980, ao ler os mesmos capítulos, trazem à mente as memórias dramáticas do povo judaico nos anos intermediários. Isto também se aplica ao leitor que se defronta novamente com *O Processo Maurizius*. É a história de Waremme-Warschauer ou, se quiserem, a de Wassermann, e nossa leitura da mesma está indissoluvelmente vinculada às experiências de nossa geração.

Faremos primeiro referência àquela parte da obra de Wassermann mais ligada à realidade, uma espécie de autobiografia espiritual: *Meu Caminho como Alemão e Judeu,* publicada em 1921, e um segundo livro que se situa, quanto ao gênero, entre uma coleção de ensaios e notas autobiográficas, chamado *Lebensdienst (Tarefa de Vida).* Nestes dois documentos encontramos a trágica figura de um judeu desarraigado, desvinculado de seu judaísmo, muito além de qualquer definição de perda das raízes que se possa encontrar na literatura hebraica, iídiche ou judaico-americana. Uma amálgama de auto-aversão e auto-aprovação com sentimentos de pertencer ao povo judeu e um ardente desejo de cortar o nó górdio. Wassermann dardeja uma crítica cruel contra Heine, o judeu que vendeu seu judaísmo por um prato de lentilhas, só para despejar o veneno de sua amargura contra a Alemanha. O ódio de Wassermann por Heine revela o crítico e o objeto criticado [3]. Assim como Heine, Wassermann ama e odeia a nação alemã, a um só tempo, e, como Heine, também ele foi um estranho em seu meio. Ao mesmo tempo que sofre pela herança de seus antepassados, repugna-lhe a idéia de conversão. Sua relação consciente com as bases nacionais e espirituais, os componentes de seu mundo psíquico, são extremamente ambíguos. O

---

3. *Meu Caminho,* pp. 56-59.

leitor achará tudo e mais os opostos: auto-ódio e saudade oculta de suas raízes judaicas, por exemplo, são evidentes na carta endereçada a Martin Buber na década de 1920:

> "Nós os conhecemos, caro amigo, conhecemo-lo e sofremos por sua causa: estes milhares de assim chamados judeus modernos, que roem todos os fundamentos porque eles mesmos não os possuem; que hoje desprezam o que ontem conquistaram, hoje conspurcam o que ontem amaram; que se deleitam com a traição, que se ornamentam com a falta de dignidade e cujo objetivo é a negação".

Se não soubéssemos que estas injúrias foram escritas por Wassermann para Buber, poderíamos julgá-las oriundas de algum panfleto anti-semita. No entanto, embora repletas de ódio, tais palavras voltam para Wassermann como um bumerangue e aparecem repetidas vezes em suas obras [4]. Ele é atormentado por elas, com ódio de si mesmo e ódio por sua raça, mas também, cheio de admiração pela grande manifestação de judaísmo que ele chama de "judaísmo judaico" em oposição ao que denomina de "judaísmo alemão". Na carta citada acima, descreve uma figura que contrasta com o judeu moderno e canta louvores aos judeus do Leste europeu, que também eram os preferidos de Buber:

> "O judeu que eu chamo de oriental é obviamente uma figura simbólica; eu poderia chamá-lo igualmente de 'o realizado' ou o herdeiro legítimo ... pois uma nobre consciência sangüínea liga-o ao passado e uma extraordinária responsabilidade compromete-o com o futuro. Ele não pode se trair, porque é um ser revelado ... Ele conhece suas origens, ele habita com as matriarcas, ele repousa e cria. É o povo dos eternos peregrinos, os que não mudam jamais" [5].

---

4. *Idem*, p. 102.
5. *Tarefa de Vida*, p. 177.

Estas palavras não são meramente um cântico ao judaísmo do Leste europeu, mas também um profundo entendimento da "condição judaica". Os judeus cosmopolitas são desligados e desvinculados, vazios e profanos. Um judaísmo envergonhado de sua judaicidade profana seu ambiente. De um lado, o judaísmo externo dos Wassermanns, de outro, o judaísmo que habita com as matriarcas, isto é, o judaísmo que conserva todo o seu enorme poder irracional. Um judaísmo despojado de obrigações e responsabilidades, apátrida, oposta a um judaísmo cujo passado o compromete com o futuro, que orgulhosamente assume a responsabilidade por sua própria existência.

Wassermann desdenha sua própria máscara, o disfarce do judeu alemão que, vacilando entre extremos, não passa de um cosmopolita desarraigado e decadente a seus próprios olhos. E como valorizava seus próprios desejos ocultos, o vínculo secreto com a fonte de suas visões e a origem de sua atividade criativa — o mundo das matriarcas! Wassermann sabia, portanto, em algum recôndito secreto de sua alma, o que era o judaísmo. Ao escrever em suas memórias as palavras abaixo, ele não compreendia muito bem a si mesmo:

"Por que, então, ainda éramos judeus, e o que significava o nosso judaísmo? Esta pergunta tornava-se cada vez mais importuna e ninguém sabia respondê-la" [6].

Talvez a própria perplexidade fosse a fonte de sua inveja e admiração por aqueles judeus que não se preocupavam com sua identidade, mas viviam sua própria essência como algo óbvio. Invejava-os pelo orgulho agressivo que ele tanto desejou para si a vida toda — via-o diante de si, mas não conseguia igualá-lo. Wassermann ficou arrebatado pelo orgulho judaico, pois sentia-se humilhado por ser rejeitado pela culta sociedade alemã à qual queria pertencer. "A emancipação", diz seu herói Warschauer, "é uma invenção sutil; ela priva o oprimido do pretexto de queixar-se". Wassermann bem sabia que a emancipação judaica na Alemanha era ilusória: já na juventude ele teve a firme convicção de ser uma presença meramente tolerada. Toda a sua vida tentara ser um nativo da cultura alemã, e sempre ficara à sua margem. Procurou cingir-se com as sagradas vestes de autor alemão e sofreu com a consciência de sempre ser considerado um intruso por seu grande número de leitores:

---

6. *Meu Caminho*, p. 25.

"Eles não queriam admitir que eu também usava as cores e as insígnias da vida germânica; não permitiam a aproximação do elemento aparentado. As características inconscientes e inerentes pareciam-lhes um produto deliberado da esperteza judaica na adaptação e no disfarce — o perigoso poder judaico de ilusão e sedução" [7].

A ânsia de Wassermann por reconhecimento levava-o, muitas vezes, a divagações, tal como sua inveja por ocasião da convenção em honra ao cinqüentenário de seu amigo Thomas Mann, durante a qual não se fez menção a ele. Em carta ao seu editor, S. Fischer, alegava que o anti-semitismo havia obnublado a mente do público alemão, e que até a "crítica judaica", por elogiar autores gentios, bajulava-os e estendia uma cortina de silêncio sobre o autor judeu Wassermann que não é pior do que o homenageado — Thomas Mann [8].

Ele era um dos marginalizados que não achavam consolo para seu ostracismo entre os membros de seu povo cuja solidão não era uma fonte de orgulho mas a origem do seu sofrimento. Suas queixas acerca da mentalidade do povo judeu eram entremeadas de sentimentos de superioridade e ressentimentos pela perseguição, enquanto seu bom senso, porém, não via razão para exaltar a superioridade ou justificar a perseguição a este povo. Na realidade, a mentalidade descrita caracterizava mais a ele mesmo e a uma certa escola de escritores judeus-alemães do que os judeus compromissados com o judaísmo. A aversão ou talvez o medo do gentio eram mais típicos da mentalidade grupal dos judeus profundamente arraigados às suas raízes do que a mesquinha autodifamação de Wassermann que declara admirar um rabino mais por sua barba loira do que por suas virtudes. No entanto, até mesmo sua atitude em relação à etnia loira é ambígua. Toda vez que procurou escapar do círculo da vida judaica, ele era mal sucedido. Suas amargas observações negativas sobre o povo alemão soam como a impotência diante de um amor não correspondido. Ao falar da obtusidade alemã ele revela o imenso ódio da metade mais "desejável" de sua personalidade para com a outra

---

7. Idem, p. 82.
8. JONES, G. V., "Letters of J. Wassermann", in *German Life*, Letters II,

metade — a judaica. Wassermann lamenta o judeu por seu papel de eterno bode expiatório, suas costas açoitadas, embora inocente.

As observações com que em 1921 ele resumiu sua atitude para com o povo alemão e o povo judeu não exprimem somente sua profunda mágoa pelo tratamento a que os alemães o submeteram, mas soam hoje como a profecia da catástrofe, a visão do futuro pesadelo.

"É inútil invocar a nação de poetas e pensadores em nome dos poetas e pensadores. Todo o preconceito que se acredita abolido, engendra mil outros, assim como o esterco cria os vermes." E concluiu: "É inútil viver e morrer por eles. Eles dizem: Ele é judeu."

Todo o parágrafo contendo a citação acima consta na conclusão de *Meu Caminho como Alemão e Judeu*. É um texto retórico que descreve os repetidos e inúteis esforços dos judeus-alemães de eliminar o abismo entre eles e o seu ambiente e de como a mão estendida foi recusada. Wassermann não alimenta mais ilusões: ele sabe que não há meios de conciliar seu judaísmo com seu germanismo. Historicamente, ele se sente com um osso atravessado na garganta, que não pode ser expelido nem engolido.

II

Em comparação com esta terrível desvinculação, o sentimento de desarraigamento de escritores hebreus como Micha Yossef Berditschevsky, Yossef Chaim Brenner, Uri Nissan Gnessin, Guerschon Schofman, Schmuel Yossef Agnon e Itzhak Dov Berkovitz, parece mais um profundo enraizamento. Wassermann está dilacerado entre uma mentalidade e uma língua. Este conflito trouxe-o de volta à sua herança judaica, como se esta fosse uma carga incômoda, uma protuberância em suas costas, e o conscientizou do extremado sentimento de injustiça da situação do judeu, e do judeu-alemão em particular. Este conjunto de experiências não é diferente das provações sofridas pelos modernos autores de língua hebraica. O desgosto com a herança judaica também é encontrado na ficção de Brenner; a saudade pelo "outro lado do rio" é um traço comum na obra de Berditschevsky; e o sentimento de isolamento não está ausente nas histórias de soldados de Schofman. Todos estes problemas, no entanto, são muito mais densos nas obras de Wassermann do que nas dos autores de língua hebraica ou iídiche que não têm matriz lingüística para veicular a mentalidade da cultura que as produziu. A língua de Wassermann, o seu meio de expressão, é a própria origem do paradoxo, pois a língua impele-o para o lugar de onde foi expulso pela sociedade. Seu absoluto desarraigamento também é, em boa parte, a fonte do conflito de suas obras — o problema de justiça. Ele não justifica sua existência como judeu como o fizeram os autores de língua hebraica e iídiche cuja língua proporciona a principal justificativa de seu próprio destino. Ele se rebela contra sua inclusão forçada na comunidade de Jó e reclama uma justificativa de sua situação como ser humano, como inocente condenado, servindo a sentença, apesar de sua inocência.

III

Analisei o caso de Wassermann como alemão e como judeu, antes de analisar *O Processo Maurizius* porque as considerações daquele conjunto de problemas mostram quão profundamente Wassermann se preocupava com o assunto. As coisas chegaram a tal ponto que sua vida perecia um castigo por um pecado que ele nunca cometeu — o de ser judeu. Wassermann sentia que tinha de pagar com a própria vida pela culpa coletiva de suas origens. Ele sofreu toda a tortura infernal da questão judaica e, parece-me, portanto, que uma interpretação de sua obra sob o aspecto judaico não é extrínseca aos textos, mas revela o que eles potencialmente contêm. O problema judaico certamente não é o único em *O Processo Maurizius,* e nem sempre constitui o cerne de suas outras obras; obviamente havia outras forças e fatores em jogo e seria ingênuo limitar o escopo e ignorar todos os outros assuntos. Para nosso presente propósito, no entanto, concentramo-nos na questão judaica em particular.

Tendo escolhido este aspecto, teremos que, forçosamente, negligenciar outros enfoques importantes da obra de Wassermann, mas não poderemos ignorá-los completamente. Comentaremos, portanto, a estrutura geral do romance, publicado em 1928, e que se tornou a primeira parte de uma trilogia que descreve o desenvolvimento de um jovem alemão, Etzel Andergast [9]. Todos os três romances tiveram êxito: eram lidos avidamente e o sucesso popular era justificado. Os livros eram escritos para o leitor médio, sem caírem na vulgaridade.

Wassermann era muito hábil em construir enredos com suspense que deixavam o leitor ansioso. Esta habilidade provocou a suspeita dos literatos profissionais para quem seu talento para o suspense parecia uma concessão à popularidade. Além do mais, Wassermann vivia um conflito de consciência com respeito à sua obra, procurando distinguir-se como um verdadeiro escritor dos simples literatos. Excluindo-se do ambiente destes últimos, só conseguiu lançar redobradas suspeitas sobre si mesmo.

O Processo Maurizius tem um enredo de suspense no qual o jovem Andergast reavalia o veredicto obtido por seu pai, o procurador do Estado, no caso Maurizius, julgado dezoito anos antes. Maurizius fora condenado por matar sua mulher, mas o filho do procurador Andergast suspeita de um erro judiciário. Ele foge de casa para procurar e interrogar a testemunha principal, Waremme-Warschauer, cujo perjúrio foi a causa da injustiça cometida. Ele o aborda anonimamente e, por fim, o faz admitir ter prestado um falso testemunho e o assassínio não ter sido cometido pelo acusado mas por sua amante, a irmã da vítima. Acontece que a verdadeira assassina também era amante de Waremme, a testemunha da acusação.

O principal motivo da pesquisa do jovem Andergast é o colapso da figura paterna que se torna cada vez mais insegura, à medida que o filho se aproxima da verdade. A fuga do filho também faz o pai reavaliar o caso ocorrido no passado. Como procurador no processo, o velho Andergast dá-se conta de ter causado a condenação de um inocente. Após a vítima ter penado dezoito anos na prisão, o antigo procurador obtém o perdão, sem contudo absolvê-lo da culpa. Quando o filho volta à casa paterna com a prova da inocência de Maurizius, é tarde demais: após sua libertação, Maurizius comete

---

9. A trilogia é composta por *O Processo Maurizius, Etzel Andergast* e *José Kerkhoven. Tarefa de Vida*, p. 336.

suicídio, achando não ter mais a possibilidade de reintegrar-se na sociedade. Os esforços de Etzel foram em vão e a autoridade paterna é completamente abalada: o procurador Andergast tem um colapso diante das acusações de seu filho.

Tracei um rápido esboço do enredo porque à primeira vista, considerando somente a fábula, não aparece nenhuma conexão entre esta e a problemática da situação judaica previamente discutida. Nem mesmo um exame teórico mais minucioso revela de imediato o conteúdo judaico do romance. Este é estruturado dentro dos limites do conflito entre pai e filho. Há mais dois subenredos que conflituam a questão: o embate entre os dois protagonistas como acusado e testemunha de acusação. O longo relato das confissões do acusado e da testemunha de acusação — Maurizius e Waremme — assume o centro do enredo e ambos se tornam os protagonistas do romance, a tal ponto que não sabemos qual o tema principal: se o conflito das gerações em torno da idéia de justiça ou se a revelação do passado do acusado Maurizius. O romance, que a princípio se desenrola entre os dois pólos da primeira fábula, na realidade, movimenta-se entre quatro pólos, cada um contribuindo para a estrutura completa.

Wassermann estabelece vários paralelos no enredo e no tema entre as diferentes unidades do romance. Notamos assim semelhanças nas relações entre pais e filhos, na descrição das relações entre Andergast e Etzel, entre Maurizius e seu pai e entre Etzel e Waremme que considera o jovem Mohl (o falso nome que Etzel usa no seu relacionamento com Waremme) seu discípulo espiritual. Outro paralelo é o da atitude de Andergast-pai para com sua esposa divorciada, seu amante e a sua relação para com todo o caso Maurizius. São visíveis também os paralelos internos entre as várias personagens procurando justiça. Etzel, o guarda da prisão Klakusch, que comete suicídio após convencer-se da inocência de Maurizius, e a moça Melitta, que luta com seus empregadores por melhores condições de trabalho. Estes paralelos são óbvios nos menores detalhes. Maurizius e Waremme-Warschauer, por exemplo, têm filhas que nunca chegaram a conhecer.

A estrutura externa do romance, baseada na alternância entre o desenvolvimento do enredo e as várias digressões, que retardam o progresso da fábula principal, cria uma tensão exterior. Do mesmo modo, a estrutura das linhas paralelas cria uma tensão interna, sugerindo que o mundo é governado por uma só lei. Assim, o universo do romance não é limitado à progressão dramática em função de um clímax, mas se resume na revelação do próprio drama, revelado num padrão geral com seus paralelos, que o reforçam mais do que seu avanço inequívoco em direção à conclusão trágica. Este padrão geral pode ser facilmente interpretado à luz de sua infra-estrutura judaica que o configura internamente. É baseado no funcionamento temático (que poderia ser chamado de mítico) das personagens que desempenham um duplo papel: são "indivíduos" que, enquanto acionam o enredo e o desvendam de um lado, são elementos significativos cujas relações mútuas fornecem o significado oculto do romance, por outro. A estrutura profunda usa o enredo externo para revelar-se e, naturalmente, é o que dá ao enredo seu significado interno.

IV

A infra-estrutura é inconsciente. Wassermann, o judeu-alemão, procurou envolver a maioria de seus escritos no manto do universalismo (com exceção, talvez, de *Os Judeus de Zirndorf*) e, em geral, foi muito bem-sucedido. A problemática judaica não era manifesta em suas obras, mas implícita. Ele mesmo alega em *Observações sobre o Processo Maurizius* [10] que a idéia de justiça está no cerne de sua obra e que este problema sempre foi, em sua opinião, o nexo de sua cosmovisão. Ademais, no dramático diálogo final entre pai e filho, que precipita o clímax e o determina, o filho declara que nada é mais importante no mundo do que a justiça. Justiça é o único parâmetro, e não a autoridade. O colapso espiritual do pai mostra que o princípio da justiça paira acima das relações do homem com seu semelhante e é mais importante que a autoridade, derivada de circunstâncias fortuitas. O problema da justiça é certamente uma das idéias diretrizes na obra de Wassermann, mas é parte de uma estrutura maior e não subsiste por si só.

Wassermann observa a condição humana sob quatro pontos de vista (os quatro pólos do romance) e suas raízes provêm do substrato judaico de sua alma: (1) o homem como acusador, como promotor público; (2) o homem como acusador em nome da justiça absoluta (Etzel); (3) o homem como acusado e perseguido diante do tribunal da justiça absoluta (não Maurizius, mas Waremme-Warschauer, o judeu, e até certo ponto, o próprio pai); (4) o homem como vítima inocente das circunstâncias que encontram reforço e justificativa nos princípios da justiça oficial (Maurizius).

O sistema mítico, oculto por baixo da trama dos relacionamentos, acompanhou a vida judaica durante gerações como um pesadelo recorrente: a injustiça, por assim dizer, cometida contra o pai do cristianismo, o "filho de Deus", que arcou com os sofrimentos do mundo e foi crucificado por causa da "traição" dos judeus, e o assassínio legal do juiz que lavou as mãos. Não há dúvida que Waremme-Warschauer é a encarnação de Judas Iscariotes e Ahasverus, o judeu errante, em cuja testa é visível a marca de Caim, condenando-o à eterna peregrinação por terra e mar. Waremme não vendeu seu amigo por peças de prata, mas sua traição foi uma expressão da luta entre judeus e gentios. Maurizius é um servo de Deus que sofreu porque amava e amava porque sofreu. Andergast-pai é uma espécie de Pontius Pilatus que se arroga o direito de julgar o destino humano mas reconhece que ele não poderá lavar as mãos pois a justiça oficial, a do Estado, não resiste ao teste da crítica. Seu filho Etzel é o porta-voz da justiça, tentando iluminar a escuridão mítica, arrancar a máscara da mentira que é um emaranhado de maus instintos e restaurar a justiça. O problema da justiça depende dos sentimentos de culpa e castigo do próprio Wassermann. Ele estava ciente de estar sendo punido por sua identidade judaica ao dizer: "Eu sentia às vezes que teria de pagar pelo pecado e pelo crime que pesavam sobre o judaísmo". Em grande parte, este sentimento determina as duas categorias de experiências no romance: a da vítima e a do homem que exige justiça.

A acusação é desprovida de fundamento, portanto, o acusado é uma vítima e, como tal, ele pede justiça e verdade. A procura de Etzel pela verdade, seu fracasso e seu sucesso, devem ser compreendidos sob este ponto de vista. Etzel reconhece que a luta judiciária não girava em torno de questões morais, do bem ou do mal, mas os protagonistas envolvidos no caso lutavam para salvar suas próprias peles: Waremme para viver; Maurizius por seu amor; o pai por sua autoridade e sua vida, restrita aos limites da lei. O julgamento revelou o conflito dos desejos instintivos e o erro de Etzel Andergast (talvez seja este o poder de sua inocência) foi tentar elevar o princípio da justiça absoluta acima dos impulsos e instintos que motivam as pessoas. O conflito entre o princípio espiritual da justiça e os obscuros instintos que o ameaçam pertence ao âmbito literário judaico de Wassermann, assim como o conflito básico entre pai e filho é semelhante ao que encontramos em Kafka. Ambos são explorações de situações humanas extremas, cujas raízes se encontram na condição judaica.

Tensões entre pais e filhos são um tema bastante típico da literatura judaica em língua alemã. Acredito que não é por coincidência que Freud situou o dramático conflito das gerações no centro da alma humana; assim como não é por coincidência que nas obras de Kafka a relação do filho com o pai é manifestada na forma da lei, que constitui o cerne de sua obra. A tentativa de rebelião contra o mundo dos pais, que é o mundo da lei (v. a sua famosa *Carta a Meu Pai*), é a expressão apropriada da situação judaica no começo do século. Os pais freudianos, kafkianos e do tipo criado por Wassermann são as encarnações do conceito judaico de Deus. Um Deus zangado e ciumento que se revela na lei e que exige obediência absoluta de seus filhos. A encarnação da autoridade divina na figura paterna ou a atribuição de poderes divinos à encarnação humana da figura divina, levou Kafka a criar a personagem K., um homem subjugado por uma autoridade que ele era incapaz de investigar e cujo sentido não compreendia. A figura do pai perdeu seus contornos positivos e assumiu um aspecto negativo, de modo que Kafka não alimentava nenhum sentimento pela herança inerente à aceitação do jugo da autoridade patriarcal, ao mesmo tempo que sentia não poder libertar-se dela.

A divindade judaica que configurou o destino do indivíduo judeu é incompreensível para Kafka. O poder da lei, agindo no mundo e condenando o indivíduo ao ostracismo e ao exílio, é arbitrário. Seu próprio pai que determinara seu destino como judeu e marginal, e o divino pai do universo que destinara seu povo ao exílio entre "as nações selvagens", são idênticos; ele pede que ambos o tratem com justiça e que a sina que herdou por acaso seja rescindida. Ele pede que seu sofrimento tenha sentido e que sua alma, que não cometeu transgressão, receba justiça. Mas o destino do homem e do judeu no mundo não tem significado para ele e os heróis de Kafka batem suas cabeças contra a parede e são aniquilados na luta. A condição judaica (a do homem condenado sem culpa, perseguido sem motivo, sentenciado sem julgamento, como um filho sem um pai misericordioso) é a expressão extremada da condição humana no mundo moderno e é por isso que suas obras têm apelo para todos os leitores contemporâneos.

Wassermann não levanta os problemas ao alto plano metafísico tão característico de Kafka. Em suas obras, a condição humana está ancorada na situação social e este é o motivo tanto do poder quanto da fraqueza de sua ficção. Etzel Andergast liberta-se ou rebela-se contra a autoridade paterna revelando-a em sua nudez: autoridade e justiçamento não são idênticos. A autoridade desacompanhada de justiça é inócua. O filho chega à justiça sem o arrimo do autoritarismo, o que causa o desmoronamento dos valores paternos como um castelo de cartas. Do ponto de vista existencial, de uma autoridade além da autoridade, a cosmovisão de Wassermann é mais ingênua que a de Kafka e também mais aberta aos aspectos positivos da condição humana. A luta de Etzel Andergast por justiça, sua busca da justiça em si, deriva do conjunto de experiências judaicas de Wassermann. O autor é profundamente sensível à injustiça que campeia no mundo, matando indivíduos e nações sob o manto da legalidade. Por outro lado, também reconhece que a descoberta do princípio da justiça não trará, provavelmente, redenção ao mundo, pois a justiça fora feita, conforme o judeu Waremme-Warschauer profetizara, somente depois que Maurizius, a vítima injustiçada, se suicidara. Revelar justiça não é, portanto, o mesmo que justiçar. A reivindicação espiritual não equivale à verdadeira redenção física.

V

A fonte judaica dos atos humanos do jovem Andergast (um não-judeu) é sugerida por dois pormenores que configuram a estrutura interna da obra. Primeiro, um pequeno detalhe: Camill Raff, o professor de Etzel, alude, em conversa com o discípulo, que o sangue judeu certamente corre em suas veias, pois somente um judeu é capaz de tamanha sensibilidade em relação à justiça no mundo. O fato mais importante, porém, é que um outro assunto desencadeou a preocupação de Etzel pelo caso Maurizius, servindo de uma espécie de analogia arquetípica para o caso. Tratava-se de um menino judeu, em quem colegas não-judeus desvendaram, aparentemente, um defeito moral, em virtude do qual queriam marginalizá-lo. Convencido da inocência do colega, Etzel dispõe-se a desvendar a verdade e descobre que o verdadeiro culpado (um dos outros colegas) introduzia às escondidas suas próprias fotografias pornográficas na carteira do menino judeu, com o fito de incriminá-lo, acusando-o falsamente. Este incidente, proveniente da experiência pessoal de Wassermann, é, em escala menor, o conhecido libelo de sangue e Etzel expõe todos os atributos do mesmo: o ódio gratuito que precede o ato infamatório; a intenção de denegrir o nome do judeu com a finalidade de dar uma base legal ao impulso infundado. Esta analogia esclarece o enredo principal, a história do libelo de sangue na qual Etzel descobre, embora inutilmente, os verdadeiros culpados. No enredo principal do romance, a moça alemã por cuja causa os fatos acontecem, que matou a irmã com as próprias mãos, continua levando sua calma vida burguesa, como se nada tivesse acontecido. O domínio dos instintos que causou o erro judiciário é descoberto; no entanto, nada muda na estrutura essencial do mundo. O libelo de sangue continuará a repetir-se como se nada houvesse acontecido. O padrão de existência judaica, inserido aqui em amplo sistema de relações humanas, recebeu diferentes significados, mais compreensivos. A expressão literária deste tipo de existência desenrola-se na verdadeira sociedade alemã e, deste ângulo, é uma expressão "alemã", do ponto de vista de um judeu alemão, sem, no entanto, deixar de revelar a marca do judaísmo.

VI

No caso da personagem Waremme-Warschauer, Wassermann não tenta mascarar o problema judaico. É apresentado de maneira literal em toda sua constrangedora realidade. Wassermann escreve haver concebido a personagem em Chicago, sob a sombria influência do ambiente. De fato, a descrição de Waremme do modo de vida americano é um dos melhores trechos do romance, no qual suas observações sobre judeus e judaísmo são contundentes e dolorosas. Além do mais, boa parte do que Waremme afirma é o eco das confissões do próprio Wassermann em *Meu Caminho como Alemão e Judeu*. Waremme é, sem dúvida, a sombra judaica de Wassermann que o perseguiu toda sua vida, adquirindo alguma justificação na descrição de Waremme. A personagem Waremme fala ao jovem Mohl (aliás, Etzel Andergast) de suas origens, explicando-lhe de onde veio e para onde foi:

> "Eu era filho de pais judeus, a segunda geração de cidadãos gozando de direitos civis. Meu pai não tomara conhecimento ainda que a situação de aparente igualdade de direitos era, no fundo, apenas tolerância. Gente como meu pai, uma excelente pessoa, pairava religiosa e socialmente no vácuo. A velha fé, já não a possuía mais; aceitar uma outra, isto é, a cristã, eles se recusavam, em parte com boas e em parte com fracas razões. O judeu quer ser judeu. O que é isso: judeu? Ninguém o explica a perfeito contento. Meu pai se orgulhava da emancipação, uma hábil invenção que tira ao oprimido o direito de queixar-se."

Waremme-Warschauer destacava-se na escuridão de seu judaísmo como uma espécie de enorme e fantasmagórico *golem**, concentrando todos os poderes vitais da nação. Assim como Wassermann, seu criador, ele tenta abrir caminho no mundo alemão e cortar as raízes que o prendem à sua infância. Ele imagina uma infância que não é judaica, com pais que não são judeus e veste uma máscara ultragermânica. Torna-se o porta-voz do germanismo militante e conquista um lugar respeitável na sociedade dos não-judeus. Qualquer meio é válido e testar-se a si mesmo é o objetivo máximo que tudo justifica. Mas, por mais que tente distanciar-se de seu judaísmo, mais ele volta e se afunda nas profundezas da existência judaica. Por nunca ter-se reconciliado com seu judaísmo, este domina-o contra a vontade. O homem que fora o arauto do puro germanismo, no fim de sua vida, torna-se um judeu solitário, procurando consolo na literatura hassídica. É um Judas Iscariotes peregrinando por terras e nações distantes, cuja única esperança está no Leste, onde o espera

---

* *Golem* — em hebraico, boneco de barro, imbecil.

uma filha que ele nunca conheceu e onde achará descanso para sua mente fatigada e alívio para sua alma atormentada.

Waremme-Warschauer, o judeu errante, desvenda as profundezas de seu coração para Etzel Andergast; ele finalmente admite ter cometido perjúrio e revela a verdadeira culpada, Anna Jahn. Antes, porém, de tornar-se seu próprio acusador, ele se defende tão bem que sua defesa encobre a auto-acusação. Warschauer deixa a impressão de um grande saldo positivo em nossa mente. Suas palavras revelam, antes de tudo, que seu castigo não foi menor do que o de sua vítima, durante toda sua vida, que foi de sofrimento e fuga de seus perseguidores ocultos, tanto antes quanto depois do caso Maurizius. Ao contrário, porém, do condenado, é fortificado pelo sofrimento, do qual deriva grandes poderes internos que lhe permitem continuar vivendo, a despeito de tudo. Isto se aplica bem à analogia contrastante inserida no enredo, apontando para a diferença entre as forças vitais de Maurizius, que comete suicídio por não lhe deixarem ver sua filha, e Warschauer, que vai para o Leste à procura da sua. Este interpreta sua luta com Leonhart Maurizius como arquetípica, "um duelo, ... não muito cavalheiresco, aliás, mas um duelo que decide destinos. Destino contra destino". O judeu que alcançou tudo que lhe pertence por esforço próprio e o gentio cristão para quem tudo que recebe no mundo é bênção disputam a mulher alemã e seus favores — Anna Jahn. A mulher que os dois cortejam é retratada, no fim, como uma pequena-burguesa indigna dos sacrifícios deles. A luta arquetípica pela "alma" germânica foi em vão porque era uma alma destituída de qualquer conteúdo.

Waremme era impelido por um ódio cheio de veneno e poderes demoníacos de destruição, embora basicamente estivesse com a razão. Alguém como ele está condenado ao ostracismo e ao ódio a não ser que lute com seus opressores e os subjugue. Uma introvisão na personagem Waremme-Warschauer mostra que dele também deriva outra figura análoga: Joshua Cooper, o protagonista da aventura americana do romance que analisamos. Um negro que revela o outro lado do mundo de Waremme, o mundo de um homem que é perseguido, embora não tenha feito nenhum mal; ele é objeto de um cego ódio racial. Warschauer descreve o linchamento que testemunhou com um profundo sentimento de identificação que sugere os vínculos ocultos entre ele e a vítima. Eis o seu relato da morte de Cooper:

"Com a humanidade eles (os perseguidores) não tinham mais nada em comum. Bestas? Toda besta tem, em comparação, uma índole de Quaker. Era gente para quem roubo e assassinato eram profissão; gente que emudecia um homem golpeando-o no rosto e importando-se menos do que os outros ao quebrarem uma vidraça. Figuras aquerônticas, a bípede besta humana, como não a temos aqui, neste país, onde o mais depravado ainda nos lembra ter sido parido de uma mãe humana. Sua perfídia mais infame consiste em tramar crimes de que culpam os negros, o que naturalmente se origina de um órgão central, como outrora na Rússia, quando os judeus eram massacrados em nome da justiça de linchamento. Não, nem que eu fique tão velho quanto Matusalém, nunca esquecerei meu Joshua, como ele fugia da corja, correndo desesperadamente, um fio de sangue escorrendo da bondosa fisionomia negra, os braços estendidos para a frente. Nunca mais o vi, nunca mais ouvi falar dele, Deus sabe onde apodrece o seu cadáver."

O libelo de sangue (em sua versão moderna na Rússia) também é uma vivência central no mundo de Warschauer. Ele sabe que Joshua é um mártir e sente-se ligado àquela vítima por mil vínculos ocultos — ele mesmo é o *alter ego* de Joshua. Em outras palavras, Judas Iscariotes é meramente a outra face de Jesus (Joshua) e a figura de Warschauer, o "judeu errante" sintetiza e reúne os opostos. As raízes da alma de Warschauer não estão na Alemanha mas nas estepes da Rússia, na "selva" americana e em qualquer lugar onde judeus ou negros, que são "judeus" em outro cenário, são crucificados e martirizados.

Warschauer alega que o pecado é relativo e que entre ele e Maurizius é difícil chegar a uma conclusão definitiva a respeito de pecado e retidão. Na realidade, ele é lavado por sua confissão e purificado por seu sofrimento. No decorrer do romance ele é descrito como um monstro, mas emerge como um ser humano cuja profundidade e cujo sofrimento por gerações deram-lhe, por assim dizer, o direito de pecar, pois pecou-se contra ele e sua raça mais do que ele mesmo pecou contra os outros. Judas Iscariotes é talvez mais legítimo do que o inocente Jesus, porque ele conhece o pecado e o sofrimento desmedidos.

VII

Chegamos assim à figura final que tem muitos paralelos na obra de Wassermann (principalmente com a figura de Kaspar Hauser, do romance homônimo de 1908): a figura do homem inocente que é condenado e que acarreta a desgraça sobre si mesmo porque é incapaz de viver neste mundo. Wassermann queria apresentar neste romance, assim como em outros, uma personagem vitimada, não-judaica, contra quem, neste caso, um judeu pecou — uma encarnação de Jesus que carrega o sofrimento do mundo. Ele faz contra seu herói Waremme a mesma acusação coletiva que o cristianismo faz contra seu povo e Maurizius serve como uma espécie de demonstração viva do cristão que se tornou vítima do demônio judeu. Um exame mais minucioso da personagem, porém, revela que o abismo entre Warschauer e Maurizius não é tão grande: o vínculo entre ambos é o negro Joshua Cooper. Maurizius, Joshua e Warschauer são todos aspectos variados de uma única experiência judaica: o homem como vítima de impulsos sombrios e circunstanciais hostis. Maurizius é vítima de leis e instintos que fogem ao seu controle. As duas figuras secundárias não são antagonistas mas análogas. Maurizius presta contas a Andergast-pai; Waremme presta contas ao filho de Andergast. Ambas as personagens, em última análise, pecaram menos do que sofreram pelo pecado de outros.

A experiência da vítima inocente é, conforme mencionamos, onipresente no universo de Wassermann. Ele procurou justiça na figura de Etzel; denunciou o poder arbitrário na figura de Andergast-pai; perdoou o pecado na personagem de Warschauer e configurou a resignação magoada da vítima na personagem de Maurizius.

Esta discussão não esgota *O Processo Maurizius* e ainda fica muito trabalho para leitores, críticos e historiadores da literatura judaica em todas as línguas. Wassermann e muitos outros como ele ainda não foram suficientemente compreendidos sob o aspecto fundamental de suas obras. Parece-me que, ao investigar mais profundamente o universo de Wassermann, descobriremos mais camadas judaicas ocultas. Wasserman merece tal investigação, embora não conte entre os maiores escritores judio-alemães como Kafka e Joseph Roth.

6. TRANSFORMAÇÕES DE *SHLEMIEL** NA AMÉRICA — B. MALAMUD

I

Definem-se três tipos principais de protagonistas judeus na literatura norte-americana que, no entanto, se destacam do *establishment* judaico-americano. Sob certo aspecto, são os judeus mais "judaicos" na ficção americana: personagens que retratam o judeu como um tipo, o que lhe confere um *status* especial nesta literatura. Este tipo se manifesta na figura do anti-herói, o *shlemiel*, o tragicômico Menachem Mendel, uma das personagens mais famosas de Scholem Aleichem, que poderia, em outro contexto, ser elevada ao nível de "herói da nova geração", lutando contra o mundo com sua infinita capacidade de sofrimento. Em outro contexto ainda, ela poderá descer ao nível do infeliz anti-herói, a vítima inexpressiva de circunstâncias hostis ou a pessoa excepcional que não tem vínculo com a sociedade judaica ou qualquer outra, sujeita a hostilidades, tentando criar raízes num ambiente que não existe. E, finalmente, há o rebelde fracassado que tenta inutilmente romper os limites impostos e lutar contra o peso de sua herança; sua luta testemunha as injustiças que não podem ser retificadas e um vínculo que não pode ser cortado. Os criadores destes três tipos de personagens têm uma consciência judaica muito bem definida e tentam, muitas vezes, explicar por que estes e não outros tipos são "judeus".

Os heróis de Bernard Malamud são geralmente *shlemiels* cujo sucesso é também o seu fracasso. Sua justificativa humana e moral deriva de seu fracasso, na medida em que não se adaptam ao padrão

---

* *Shlemiel* — em hebraico, azarado.

americano de sucesso. Os Levines [1], os Oskars [2], os Schwartzes [3], os Fidelmans [4] e todo o clã de anti-heróis deste autor são descendentes de Menachem Mendel.

A personagem principal em *O Ajudante*, Morris Bober, é, sem dúvida, um marginal da sociedade americana, um fracassado, comparado com os bem-sucedidos judeus norte-americanos. Sua justificativa moral é, sob muitos pontos de vista, a negação da concepção protestante que idolatra o sucesso, e do darwinismo social que exalta os mais aptos que sobrevivem por sua força. De acordo com Malamud, nem o bem-sucedido Julius Karp ou Schmitz são heróis positivos, mas sim, Morris Bober que enfrenta dificuldades e Marcus, devorado pelo câncer, que tenta manter seu negócio de papel em atividade, apesar da doença; ou Breitbart, o vendedor de papel cuja mulher é infiel, fugiu com seu irmão, abandonou marido e filho e trata o marido como algo sem valor.

Frank Alpine, o italiano que começou como ladrão e termina como herdeiro de Bober, sente-se atraído por ele, aprende sua sabedoria e admira-o porque Bober é um dos roubados e não um dos ladrões; é um fracassado e não o causador do fracasso de outros. O próprio Morris Bober pertence à classe dos heróis-vítimas, típico do que Northrop Frye chama de "modo irônico", referindo-se a personagens numa posição mais baixa da escala social, vítimas patéticas da sociedade onde se encontram inseridas. Sua inferioridade, todavia, é meramente teórica porque, na realidade, eles se elevam acima de seu ambiente; são inferiores somente no *status* social e a função que desempenham é a da vítima sacrificada. São superiores, porém, a seu ambiente pela força moral e pela essência humana.

Na personagem de Bober, Malamud retoma várias tradições literárias. A luta entre o homem insignificante e os gigantes econômicos tem sido um tema corriqueiro na literatura européia desde o tempo de Zola e também é recorrente na literatura americana em outores como Benjamin Norris, Upton Beall Sinclair e Theodore Dreiser, en-

---

1. Ref. à personagem do conto "Anjo Levine". No original, "Angel Levine", in *The Magic Barrel*, New York, Farrar, Straus & Cudaly, 1950.
2. Ref. à personagem do conto "Um Refugiado Alemão". No original, "The German Refugee", in *Idiots First*.
3. Ref. à personagem do conto "O Pássaro Judeu".
4. Ref. à personagem de uma série de contos sob o título *Pictures of Fidelman — an Exibition*, New York, Farrar, Straus & Giroux, 1969.

tre outros. Parece-me que a dimensão econômica aqui é secundária, mas simplesmente um pretexto para a manifestação de vários aspectos do anti-herói, a vítima de uma aterradora realidade impessoal. Neste sentido, podemos traçar um paralelo entre Morris Bober e a personagem Menasche Chaim, de Agnon, em *Vehayá Heakov lemishor*[5] *(E o Torto Será Endireitado)*. Ambos os heróis são vítimas das circunstâncias econômicas e do ponto de vista social, de tanta "mobilidade para baixo", que ficam reduzidos ao último pedaço de pão, enfrentando uma realidade econômica oculta, inescrutável e impiedosa. Em ambas as obras, historicamente desvinculadas entre si, os heróis empobrecidos sofrem provações morais que revelam seus valores espirituais. Menasche Chaim não passa na prova e perde sua identidade, sendo agraciado mais tarde com uma nova vida por aceitar de bom grado seu castigo. Morris Bober, uma vez descendo na escala social, não consegue mais subi-la; mas, enquanto desce, sua identidade é confirmada e seu *status* moral é justificado. Na obra de Agnon há uma espécie de "queda" na qual o herói fica sujeito ao poder do mal (na figura do mendigo para quem vende seus documentos) e uma ressurreição que deriva do poder de sofrimento no qual ele se afirma de novo. Na obra de Malamud, a capacidade de sofrimento é constantemente testada e as forças externas não conseguem vencê-lo, mesmo nos momentos de maior fraqueza.

Outra comparação que se impõe entre o enredo e a personagem de Malamud, é com *O Processo,* de Kafka. Justifica-se a comparação pela óbvia semelhança entre o começo de *O Ajudante* e o de *O Processo.* Enquanto é duvidoso que a obra de Agnon tenha tido alguma influência sobre o romance de Malamud, é provável que a obra de Kafka o tenha influenciado. Ambas as obras têm início com um ataque inesperado e infundado, a uma vítima inocente, o protagonista do livro, por parte de pessoas alheias ao ambiente em que aquele se insere. Enquanto na obra de Kafka estes eventos acontecem num nível surrealista, fora do tempo e do espaço, no romance de Malamud são realistas, situados na vizinhança judaica de um bairro de Nova York. Bober, a vítima, defronta-se com um mundo hostil que o destrói econômica e fisicamente. Embora a personagem seja justificada do ponto de vista espiritual, ela não clama por justiça de

---

5. AGNON, Schmuel Iossef, *Vehaya heakov lemishor (E o Torto Será Endireitado)*, Jerusalém, Schocken, 1953. (A primeira edição é de 1912).

uma autoridade transcendental, nem tenta lutar contra algum poder arbitrário. Ao contrário, aceita a sina e submete-se ao sofrimento, até com uma certa dose de amor. Enquanto a personagem de Kafka, submetida a um poder arbitrário, pede justiça, Malamud relata o destino de um homem cuja retidão fica comprovada no decorrer de seus sofrimentos. É patente também a semelhança com o *Job* de Joseph Roth, o autor judeu de nacionalidade austríaca.

Dentre as obras com a temática do judeu sofredor, a de Roth é provavelmente a mais ingênua, escrita em forma de fábula. Descreve, de início, as provações e as atribulações de um homem redimido no final do livro. O enredo tenta apresentar uma versão mais modesta do destino de um Jó moderno. A personagem é um Jó em miniatura e a trama não leva em consideração a vida moderna em toda sua complexidade. Não traçamos o paralelo entre as obras acima mencionadas por seu valor literário, mas para chamar a atenção sobre a reencarnação do arquétipo de Jó em quatro diferentes autores judeus nos quais o ponto de partida para a compreensão das personagens é o sofrimento humano. Aflições sem sentido atormentam as várias encarnações de Jó e a pergunta sempre recorrente é se há um propósito ou valor no sofrimento, e como pode o homem defrontar-se com o juiz invisível e impiedoso.

A relação de Malamud com a questão judaica é revelada no arquétipo de Jó e também em outras descrições da vida judaica, ao tentar analisá-la, a seu modo, em sua própria realidade temporal e espacial. Ele não se relaciona com ela de modo inconsciente, mas trata-a de modo direto. O problema de quem é judeu perturba seus heróis e eles são chamados a resolvê-lo. O enredo de *O Ajudante* aponta para a conversão de Frank Alpine, o assistente de Bober e, para conferir algum sentido ao clímax, o livro precisa realizar o conteúdo espiritual desta decisão.

Num dos momentos mais decisivos do romance, Frank, que tentara matar o herói e depois apega-se à sua vítima por um sentimento de culpa, servindo-o afetuosamente, pergunta quem é judeu e como Bober interpreta o seu judaísmo. Alpine alega que Bober não obedece aos mandamentos e raramente comparece à sinagoga. A resposta de Bober é vaga, inarticulada e extremamente confusa, referindo-se à lei que distingue entre judeus e gentios. Em sua opinião, esta lei não está nos 613 mandamentos mas é um valor um tanto vago que não pode ser definido e que todo homem guarda em sua alma. Malamud volta a esta idéia no necrológio do rabino no túmulo de Bober, no final do livro. O rabino coloca a mesma pergunta e tenta respondê-la. Na sua resposta, levanta a mesma questão — o sentido do judaísmo no universo do judeu secular.

" 'Sim, Morris Bober foi para mim um verdadeiro judeu porque ele viveu a experiência judaica, da qual se lembrava com um coração judaico.' Talvez ele não tenha sido fiel à nossa tradição formal — e não o desculpo por isso — mas foi fiel ao espírito de nossa vida, querer para outros o que ele queria para si mesmo. Ele seguiu a Lei que Deus deu a Moisés no Sinai para que a levasse ao povo. Ele sofreu, ele resistiu, mas com esperança"[6].

Parece que na concepção de Malamud, que acredito ser representativa de um cosmovisão bastante comum embora não divulgada entre judeus americanos, o judaísmo não é uma fé religiosa, mas um grupo étnico com seu próprio modo de vida e de pensamento. Este modo de vida não é manifesto por algum sinal externo mas na relação dos heróis com seu ambiente. Ser judeu não tem sentido genético ou religioso. É a admiração por uma espécie de ascetismo, a negação do "modo de vida americano". O ideal não é "fazer sucesso" mas sobreviver moralmente aos desafios do darwinismo social. Uma consciência humana e a capacidade para o sofrimento, submissão silenciosa e a esperança de uma fé inabalável, tudo isso caracteriza o grupo ao qual Frank Alpine se associa no final do livro. Sua conversão é apenas a confirmação formal de um modo de vida que havia sido absorvido e compreendido no decorrer do romance e Alpine começou a viver de acordo com ele muito antes de aceitá-lo como um jugo externo. É uma lenta transição de um pólo da vida americana para o oposto: no começo do processo Alpine não passa de um criminoso, um ladrão. À medida que progride, ele se questiona sobre a natureza do homem roubado; ele é perseguido por sentimentos de culpa e no fim assume os valores da vítima. De um modo geral, no curso do enredo ele muda de perseguidor para perseguido voluntário, de ladrão para vítima voluntária e se durante o período intermediário ele se apaixona pela filha da vítima e a violenta, este é um episódio

---

6. *Idem,* p. 267.

que apenas reforça os sentimentos de culpa que motivaram a mudança que se operou dentro dele.

Implicitamente, a vida judaica do romance é o sofrimento de um Jó em miniatura que secreta e silenciosamente arca com a carga da vida cotidiana. Ele não é esmagado por uma grande mágoa como Menasche Chaim, Tevije, o leiteiro ou Mendele Singer. Ele vive dentro dos limites de sua mercearia; não derruba nenhuma barreira, mas aceita seu destino com resignação. O herói judeu de Malamud é a vítima que sofre com dignidade, que se verga diante da tempestade, mas que emerge dignificada da luta com o mundo. É esta a figura com que nos defrontamos para examinar outros aspectos da questão judaica na obra de Malamud.

II

O caráter das personagens judaicas nas suas obras é cômico e patético. São pobres vítimas cômicas de circunstâncias hostis ou vítimas patéticas acabrunhadas por forças superiores. São figuras familiares na literatura hebraica, iídiche e judaica de língua alemã: o pequeno corretor judeu especulando e sempre perdendo; o eterno perdedor de grande charme pessoal, para quem o sonho do sucesso nunca se realiza. São os Menachem Mendels exilados para a América, figuras oprimidas dos setores judeus de Nova York. No rastro dos escritores que o precederam ou por sua própria empatia com a condição judaica, Malamud compreendia bem a situação. Ele apresenta em suas histórias o *status* ambivalente da vítima inoportuna e ridícula devido às pequenas falhas e à sua incapacidade de arcar com as complexidades da vida; triste, infeliz e patético por ser inocente; puro, desprezível e impotente, carregando os pecados do mundo em seus fracos ombros.

Pinye Salzman [7] tem seu paralelos na maior parte dos estereótipos judeus no cinema americano. São figuras dominantes na mitologia do mundo cinematográfico. A corrente destes estereótipos

---

7. Casamenteiro, personagem do conto "O Barril Mágico". No original, "The Magic Barrel", no livro homônimo.

começou com Charles Chaplin, mas a maioria de seus herdeiros legítimos eram os modelos dos judeus copiados do auto-irônico bufão judeu, a mesquinha vítima patético-cômica do *shlemiel*. Os irmãos Marx, Danny Kaye, Jerry Lewis e Woody Allen gozam de grande reputação própria, mas seus antecessores foram os fundadores do velho teatro burlesco iídiche de Nova York. A personagem mitológica do *shlemiel* judeu é uma importante contribuição do grupo étnico judeu ao novo folclore americano e um dos símbolos do autoconhecimento judaico. Malamud, provavelmente, compreendeu esta personagem melhor que qualquer outro de seus contemporâneos.

Exemplos patentes da visão poética da vítima inocente encontramos em contos como "O Pássaro Judeu" e "O Refugiado Alemão". O pequeno pássaro judeu é um pássaro alegórico, a encarnação americana do pobre cavalo surrado de Mendele Mocher Sefarim, uma das mais patéticas personagens criadas por Malamud. O alegórico pássaro insinua-se numa família judaica até tornar-se virtualmente um membro dela. O nome do pássaro é Schwartz e ele tem vários traços considerados tipicamente judaicos: vive de favor em casas alheias e alimenta-se principalmente de arenques; usa muitas expressões em iídiche; é esperto e talentoso, mas vagabundo e fez o seu ninho temporariamente em casa dos Cohen.

O tema do animal antropomórfico é uma variação do conto *Metamorfose*, de Kafka. O pássaro júudeu é uma reinterpretação realística do inseto de Kafka. Enquanto o conto de Kafka é a paródia grotesca de um idílio familiar, "O Pássaro Judeu", de Malamud é declaradamente uma amarga e patética sátira de uma família judaica representando os valores, costumes e moral da classe média americana.

A família dedica sentimentos mistos ao inesperado hóspede sem convite. O pai quer livrar-se dele mas não o faz por causa de certos traços positivos do sr. Schwartz: ele tem presença de espírito e ajuda o filho nos estudos. O sr. Cohen gostaria de tirar proveito de suas características positivas sem ter de conviver com as negativas. As atitudes dos membros da família exprimem o relacionamento dos judeus para com seus próprios correligionários. Estão dispostos a aceitar a tradicional vítima patética de um modo muito restrito: sua inteligência é aceitável, mas seus costumes estranhos, dos quais ele não consegue descartar-se, lhes são odiosos. O pai não suporta o pássaro sr. Schwartz por causa de seu cheiro, seus hábitos e principalmente suas características de parasita. No fim, ele o expulsa de casa e o pássaro morre. Quando Maurie, o filho de Cohen encontra o corpo do pássaro no jardim, ele pergunta: "Quem lhe fez isso, sr. Schwartz?", e sua mãe responde: "anti-semitas".

Não há dúvida que Malamud apresenta um importante capítulo de autoconsciência e auto-avaliação judaicas. A autodepreciação combinada com a compreensão do vínculo íntimo entre os descendentes de Abraão e a sua herança é retratada de um ponto de vista melancólico e humorístico pelo autor. Acontece que, embora os membros da família estejam comprometidos com a mentalidade que os caracteriza psicologicamente, eles procuram libertar-se e descartar-se dela, cortando o nó górdio de uma vez por todas. Eles se odeiam no papel cômico-patético da vítima loquaz e *schnorrer*. Só que a vítima é muito mais justa do que seus detratores. A encarnação alegórica de Morris Bober está mais próxima do narrador de Malamud do que as personagens reais, que são semelhantes ao símbolo de sua herança, mas inferiores a ela. O pássaro judeu está inteiramente ligado ao mundo do exílio; é o próprio exílio. As personagens estão impregnadas pelo ambiente americano e tentam assimilá-lo do melhor modo enquanto o sentem como uma natureza estranha e imposta. Parece-me que Malamud compreendeu, como poucos de sua geração, o relacionamento ambíguo da segunda geração de imigrantes nos Estados Unidos com a herança espiritual que seus pais haviam trazido consigo de suas peregrinações.

III

O tema da autoconsciência, autodepreciação e a luta dos judeus por uma identidade própria, é bastante comum na história literária judaico-americana, e aparece em muitas obras de vários autores. Há algum tempo, Ludwig Lewisohn em *A Ilha Por Dentro* criou a personagem de Arthur, o descendente de uma família assimilada que caminha de auto-ódio e aversão por valores judaicos, a um respeito próprio e a uma relação positiva para com o mundo judaico, por causa do anti-semitismo como fator externo. Leslie Fiedler em sua coleção de contos *O Último Judeu na América* [8] apresenta, como personagem, o último judeu que morre numa pequena cidade do Centro-Oeste, levando consigo, ao morrer, os últimos vestígios de um modo de vida que não existe mais. Por outro lado, num conto chamado *O Último Goy no Leste* [9], mostra o lado negativo da sociedade judaica durante uma cerimônia de casamento, na qual o não-judeu tenta inutilmente assimilar-se. Ambos os contos mostram a atitude ambígua de Fiedler para com seu assunto. Diversamente de Lewisohn, cujo herói caminha da autodepreciação negativa para uma valorização perfeitamente positiva de sua identidade judaica, os heróis de Fiedler e ele próprio vacilam entre pólos opostos. A diferença entre os dois livros é característica da diferença entre as gerações: na geração de Lewisohn, judaísmo era ou completamente positivo, ou completamente negativo; na geração de Fiedler o assunto não era mais tão inequívoco.

O tema foi tratado brilhantemente no conto "Eli, o Fanático", de Philip Roth, numa história sobre judeus de classe média (judeus suburbanos no sentido aparentemente positivo do termo) que se defrontam com um grupo de judeus tradicionais que invadiram o bairro para fundar um orfanato para sobreviventes do Holocausto, eles mesmos também sobreviventes da mesma tragédia.

Os "bons" judeus americanos ficam apreensivos por causa da aparência dos novos vizinhos, que seriam malvistos pela vizinhança dos gentios. Contratam um advogado chamado Eli Pick para livrá-los dos intrusos indesejáveis. Primeiro, Eli tenta negociar amigavelmente com eles: não pede que se retirem, mas que mudem sua aparência. O principal é que não usem suas roupas tradicionais fora de casa, no elegante bairro suburbano. A vestimenta, Deus nos livre, poderia testemunhar que são judeus e os *goyim* (não-judeus) poderiam identificar os seus vizinhos como judeus, agora que finalmente atingiram a tranqüilidade da assimilação, só por causa daqueles estranhos correligionários, vindos de outro "planeta". Daí por diante, o desenvolvimento do conto é grotesco: o advogado Eli Pick leva suas próprias roupas à casa do professor ortodoxo, esperando que ele compreenda a sugestão e vista-se como o resto da população. O professor entende a indireta e até retribui o favor, levando as suas

---

8. No original *The Last Jew in America*, New York, 1966.
9. No original "The Last Goy in the East"; *goy*, em iídiche, gentio.

roupas para Eli, em troca das que este lhe oferecera. Eli veste-as exibindo-se no bairro com as mesmas, transformado em Eli, o fanático. A situação inverte-se: o representante dos assimilacionistas vestiu o traje tradicional e seu adversário assumiu o disfarce de um assimilado.

O conto trata dos problemas e significados da identidade judaica. Os novos judeus não se sentem bem ao encontrarem o fantasma de seu passado. Odeiam este passado que lhes recorda as amarguras da história das perseguições cujo lastro ainda carregam consigo. Procuram fugir ao passado e descartar-se daquelas roupas para sempre, visto não estarem seguros de si mesmos em sua atual situação. A invasão da história judaica no círculo de sua existência contraria-lhes a vontade e, se pudessem, eles a apagariam e reprimiriam. O poder evocador do passado, no entanto, é tal que não lhes dá trégua, e fugindo dele, enquanto acordados e sãos, ele os domina em sonhos, tanto na loucura como na sadia normalidade mental. Eli, o fanático, é o fiel advogado de sua sociedade; sem ser uma figura de exceção é a personagem que no fim da história assume a responsabilidade pela "vestimenta" judaica.

Aquele que queria combater os judeus para expulsá-los, acabou como judeu convicto. Parece-me que o narrador (e autor implícito) decididamente simpatiza com Eli, que se submeteu ao jugo do judaísmo e que desprezava a burguesia judaica suburbana que se curvava diante dos gentios ao seu redor e envergonhava-se de suas origens. Até certo ponto, Roth dá preferência aqui aos judeus integralmente "judaicos" assim como Jakob Wassermann e outros autores assimilacionistas judaico-alemães, que destacaram este judeu autêntico em suas obras, em oposição ao judeu que tenta ocultar o constrangimento de sua origem judaica. Ele se revolta contra os judeus que fogem de sua sombra e prefere o judeu autêntico em detrimento daquele que fez do cadinho de povos o seu ideal. Aqueles judeus suburbanos não advogavam a mistura de várias culturas no cadinho americano de povos, mas elegeram como seu objetivo mais caro os ideais anglo-saxões protestantes. O ponto de vista de Roth nesta obra — o assumir da identidade com todos os seus aspectos positivos e negativos — é preferível à fuga covarde e inútil da identidade judaica.

O problema da relação do judeu com sua sombra, sua fuga de si mesmo e o rastro que deixa atrás de si, é muito comum nas obras de Malamud e Roth. Analisaremos mais dois contos, nos quais se retratam o medo e a revolta dos judeus pelo lado negativo de sua existência. Em ambos os contos presenciamos a fuga de um *alter ego* que incorpora vários traços judaicos negativos.

Em "O Último dos Moicanos", de Malamud[10], o herói, Arthur Fidelman, um artista judeu de segunda categoria é perseguido por Susskind, um *schnorrer* emigrado de Israel. Susskind exige ajuda financeira de Fidelman para que possa continuar vivendo folgadamente. Recusa-se a trabalhar, alegando que tem o direito de viver de biscates. É como uma das personagens secundárias de Mendele, Simchale Dats em *O Livro dos Mendigos* [11] de quem se conta que cobrava caridade como se fosse um imposto e deu à sua filha todo um bairro como dote, onde o marido, seu genro, podia pedir esmolas. Susskind é uma espécie de *alter ego* daquele protagonista que também vive de ar, sobrevivendo de auxílios. O *alter ego* é uma distorção grotesca e extremada de um certo aspecto do caráter de Fidelman. O herói foge de Susskind e tenta compensá-lo de tempos em tempos, mas este nunca se dá por satisfeito. O lado bom de Fidelman não lhe dá um momento de sossego e por fim ele sucumbe à perseguição. Susskind pede o terno de Fidelman e este apressa-se em dar-lhe o que ele pede. O fim, uma espécie de clímax grotesco, descreve a louca perseguição de Fidelman tentando dar seu terno a Susskind. A última frase do conto é: " 'Susskind, volte', ele gritou meio soluçando. 'O terno é seu. Está tudo perdoado.' Parou de correr, mas o refugiado continuou fugindo. A última vez que foi visto, continuava a correr." O elemento grotesco atenua o profundo vínculo entre o artista, um autêntico membro da sociedade constituída e Susskind, o eterno refugiado, a exceção, o marginal fora do âmbito da sociedade. O *schnorrer* refugiado, um *luftmentsch**, faz parte da personalidade do artista e quando ele tenta fugir deste lado de sua personalidade, ele é irremediavelmente capturado.

É impressionante a freqüência de uma sombra ou do *alter ego* nas personagens da literatura judaico-americana. É, antes de tudo, uma realização literária por ter criado estruturas antinômicas duplas.

---

10. No original "Last Mohican", in *Pictures of Fidelman.*
11. No original *Sefer Hakabtsanim.*

* *Luftmentsch:* em iídiche, lit. homem do ar; designa pessoa sem profissão que sempre imagina modos mirabolantes de ganhar dinheiro.

Estereótipos convencionais foram desconvencionalizados quando combinados com seus pólos opostos. Enredos de temas judaicos contando a história de assimilações ou aclimatizações bem-sucedidas (fugas do destino judaico) eram panos de fundo quando equilibrados com histórias de fracassos. O esforço consciente das personagens em obter sucesso era contrabalançado com outras personagens, brotando do inconsciente, lembrando ao leitor que a existência judaica é uma moeda de dois lados.

O leitor encontrará uma penetrante explicação deste assunto em "Defensor da Fé"[12], de Roth, uma crítica áspera e cheia de ódio à figura judaica com seu lado de sombra. Trata-se de um sargento judeu no exército americano, chamado Marx, encarregado de recrutas numa base de treinamento. Um soldado judeu de nome Grossbart apega-se a ele para obter privilégios especiais. Grossbart apela à lealdade étnica de Marx, exigindo privilégios especiais em nome de noções tais como que todos os judeus são irmãos e responsáveis uns pelos outros. Mesmo não sendo religioso, ele pede para ser dispensado nos sábados e feriados religiosos. E mais do que tudo, ele procura, entre outras regalias, esquivar-se da frente de batalha. Grossbart, "defensor da fé" espicaça a paciência de Marx com suas importunações. Marx não pode tolerar as exigências em nome da etnia, embora tenha cedido às mesmas inicialmente. No fim, ele se rebela e envia Grossbart ao *front* do Pacífico. Marx é o tipo de pessoa que não pede regalias para si, mesmo pertencendo ao povo eleito; Grossbart acredita que o povo eleito tem direito a privilégios, sem obrigação em troca, e é patente a repulsa do narrador pela cumplicidade étnica em favor de objetivos antiéticos. Roth despreza judeus que negam seu passado; mas detesta também judeus que transformam sua etnia partilhada num meio de burlar a lei e enganar os gentios. Grossbart não é o *alter ego* de Marx mas um dos membros do clã ao qual Marx pertence e por cujo comportamento ele é responsável, ao menos perante si mesmo. A responsabilidade do judeu pelas sombras de sua existência é dupla: ele precisa aceitar o lado negativo, sem ignorá-lo ou fugir dele. Precisa enfrentá-lo em sua personalidade coletiva de acordo com sua consciência. Não se lhe permite preferir a verdade em detrimento de suas obrigações étnicas. A fraqueza dos heróis de Malamud consiste no tipo das situações existenciais em que se inse-

---

12. No original "Defender of the Faith", in *Goodbye, Columbus*.

rem, e seus caracteres são produto daquelas situações. A crítica de Roth é severa. Sua atitude não é a de um misto de humor e patética melancolia, é antes uma abordagem satírica. Ele não perdoa como Scholem Aleichem, mas, a exemplo de Mendele e outros satíricos, detesta a autonegação e a arrogância inflada de alguns judeus.

O que Malamud e alguns dos escritores judeus de seu tempo fizeram foi motivado pela necessidade de desvendar a realidade. Eles se propuseram a descrever sua comunidade não como esta queria ser vista, mas como, a seus olhos, ela realmente era, uma visão crítica desbastando falsas aparências de sofisticação e vida superficial. Desvendaram sem medo nem piedade os traços negativos da sociedade judaica. Suas obras dão a impressão de autodepreciação e mórbida auto-ironia, mas eram, essencialmente, o ponto de vista de orgulhosos escritores judeus numa sociedade mais ou menos democrática e liberal. Somente a partir dela é que podiam atacar frontalmente os defeitos e lados sombrios de seus irmãos.

IV

Começamos esta digressão discutindo os judeus como produto da imaginação de vários escritores em relação ao anti-heroísmo e ao lado sombrio da existência, enquanto problematizamos o lado patético da vítima anti-heróica nos relatos de Malamud. Voltemos agora ao caráter patético de suas personagens: um exemplo clássico é Oskar ("O Refugiado Alemão"), um intelectual judio-alemão emigrado para os Estados Unidos, tentando encontrar um refúgio físico e espiritual. Procurando recuperar-se como intelectual e voltar à faculdade, empenha-se em melhorar seu inglês com a ajuda de Goldberg, um jovem professor judeu, e narrador do conto, sendo que a escolha de tal narrador não é coincidência. Goldberg relata algo que lhe aconteceu e pretende enfatizar que aquilo que aconteceu a Oskar, não pertence somente ao refugiado, mas também ao narrador que compartilha a experiência e também foi responsável pela mesma. Ele se identifica de modo um tanto patético com a infeliz vítima da perseguição judaica e aceita parte da responsabilidade coletiva. Oskar, como mencionamos, tenta reestruturar sua vida malograda e o esforço é bem-

-sucedido, na medida em que vence as dificuldades e dá sua primeira preleção em inglês. Logo após este aparente sucesso, o passado volta e prega uma peça mortal à personagem. A esposa cristã de Oskar, que ele quisera salvar através de sua fuga da Alemanha, converte-ra-se ao judaísmo, fora enviada a um campo de concentração e morrera lá. Em seguida a este desfecho, o herói comete suicídio.

O patético isolamento da vítima do destino judaico que somente se torna vítima por causa de uma identidade que não escolheu, provoca um profundo sentido de identificação entre o narrador e o leitor. O destino do emigrante alienado, jogado num país estranho onde vive como indesejado, é comovente. Malamud enfatiza a experiência de uma vida malograda, sem esperança de redenção. A aparente redenção acaba sendo uma ilusão. Seu passado não lhe permite um futuro. Malamud aponta para o aspecto mais patético da vítima judaica — o desamparo da pessoa inocente, golpeada sem ser culpada, impotente contra as forças superiores do destino e da história. Desamparo é um traço partilhado por Oskar e outras personagens judaicas na obra de Malamud, sendo que a vítima desamparada é seu herói mais autêntico e verdadeiro como personagem literária.

V

Impotência ridícula, em ambos os sentidos da palavra, também é a chave para compreender suas figuras cômicas. Arthur Fidelman, o artista de segunda categoria que encontramos em outro contexto, é altamente representativo deste aspecto do anti-herói judeu. O *schlemiel* impotente é um fraco que não sabe enfrentar as novas situações; é a vítima confusa de pequenos enganos e subterfúgios. Resumindo: uma figura chaplinesca, à moda de Menachem Mendel ou, em outras palavras, "Joseph K. à moda de Groucho Marx", usando a brilhante caracterização de Philip Roth, ao referir-se às suas próprias personagens. Fidelman é um pequeno judeu americano cuja alma anseia pelos maravilhosos tesouros artísticos da Itália, e que, continuamente, se envolve em situações ridículas. É uma espécie de Stêmpenio, o artista e anti-herói de Scholem Aleichem, ou talvez um Menachem Mendel que vagueia como um estranho pelos contos de Boccaccio. Não consegue achar seu lugar e, como o bufão da *commedia dell'arte,* recebe uma surra após outra.

Algumas das situações são tipicamente judaicas, como por exemplo a história de Henry Levine (outra encarnação de Fidelman), que se apaixona por uma linda jovem que mora numa pequena ilha perto de Veneza. Em seus sonhos ele a chama de "A Dama do Lago" [13] o título do conto. Da bela adormecida italiana esperando ser despertada, Levine oculta sua condição de judeu, mudando seus modos e seu nome. Assumindo um nome gentio, Henry R. Freeman, para conquistar a maravilhosa Beatrice ou Dulcinéia, tenta cortejá-la e falar-lhe como um gentio para o outro. Quando os acontecimentos chegam ao clímax, descobre que Isabella, este é o nome da Dulcinéia, não é outra senão a filha do guia turístico da ilha e, mais importante, ela é judia e recusa a proposta de casamento de Levine pensando ser ele um *goy.*

O conto é cômico, com o fim inesperado, na tradição italiana de Bocaccio. O tipo de qüiproquó e o caráter do herói requerem esclarecimento. O engano é baseado no complexo de inferioridade do *schlemiel* judeu. O destino vinga-se do protagonista e dos seus sentimentos de inferioridade: ele tinha certeza que um *goy* teria mais sucesso com as mulheres e por isso assumiu uma falsa identidade. Uma característica da personalidade judaica, o complexo de inferiodade, encontra outra característica, a lealdade das mulheres judias para com sua religião e seu clã. O embate entre estes dois padrões tradicionais produz o efeito cômico. O herói do tipo *schlemiel* mostra seu verdadeiro caráter, precisamente no esforço de evitar o destino judaico, e com isto ele sai perdendo. Fica evidente o efeito cômico da personalidade judaica, ainda em vários outros aspectos da vida italiana. Há a história de Fidelman que aparece como sublocatário da matrona italiana que o logra. Primeiro ele se apaixona por ela, só para falhar no ato amoroso por causa de sua ingenuidade e dos sentimentos de culpa dela (ela vivera toda sua vida com um velho tio) [14]. Ele finalmente consegue entabular relações verdadeiras, disfarçando-se de padre confessor; ao confessá-la, a matrona cede aos seus desejos. Este sucesso também é ambíguo: a cômica vitória

---

13. No original "The Lady of the Lake", in *The Magic Barrel.*
14. No conto "Natureza Morta"; no original "Still Life", in *Idiots First.*

de um fracassado que não tem virilidade suficiente para usufruir do exuberante temperamento italiano com seus prazeres telúricos.

Fidelman é um anêmico inserido num contexto que ele não domina: a jaula dos leões ou a jaula da iniqüidade. Malamud apresenta os traços cômicos do pseudo-artista e pseudo-intelectual: o encontro de um judeu americano com a realidade nua e crua. Outro exemplo divertido é "O Nu Despido"[15], onde reencontramos Fidelman que perdeu tudo, até o último centavo. Na hora da maior aflição tenta salvar-se roubando e é prontamente apanhado depois do primeiro roubo. Ele foge da lei, refugiando-se com profissionais do crime que possuem um estabelecimento de má fama onde colocam Fidelman como encarregado das condições sanitárias e fazem sua liberação depender de um certo quadro de Ticiano que os criminosos querem substituir por uma réplica falsificada e pretendem vender o original por uma fortuna. No fim, é salvo pela aparente substituição do quadro, mas, espantosamente, ele enganou a si mesmo e aos seus patrões criminosos, deixando o original e roubando a cópia, feliz com a proeza e convencido de ter alcançado seu maior sucesso artístico: a cópia do quadro de Ticiano. Temos novamente a história cômica de Fidelman que saiu pelo grande mundo do sexo e do crime e não consegue dominá-lo. Seu único triunfo é a imitação pseudo-artística feita para salvar a pele. Fidelman não passa de um pobre *schlemiel* de quem todos abusam e que não consegue enganar ninguém. Ele é ridículo na sua ingenuidade e impotência, um fraco e vulnerável que caiu nas malhas de homens e mulheres de verdade e nosso *schlemiel* não pode com eles. Não há dúvida que o *schlemiel* é judeu, embora Malamud aponte para outros aspectos de sua personalidade, independentes de sua origem. Em outros contos, como "O Último dos Moicanos" ou "A Dama do Lago", a judaicidade do herói é o lado cômico. Fidelman é o anverso de Bober e seus amigos; uma vítima mesquinha e a piedade que ele provoca é misturada com humor e condescendência.

---

15. No original "The Naked Nude", in *Idiots First*.

VI

A personagem de Yakov Bok, no romance histórico de Malamud, *O Bode Expiatório* [16], apresenta uma nova imagem do judeu como anti-herói e vítima. Em relatos anteriores, achávamos figuras de júdeus em situações que não eram especificamente judaicas, mas universais. Apresentavam a reação judaica a crises em geral ou a relação de judeus consigo mesmos em situações várias. Yakov Bok, o herói do romance, foi inserido numa típica situação judaica, a mais típica das fábulas anti-semitas — o libelo de sangue apresentado com a finalidade de revelar as reações de Yakov Bok, uma espécie de judeu comum, sem atributos especiais, escolhido como vítima ao acaso, sem identificação com o povo judaico. Ele não tinha nenhuma vontade de suportar a clássica provação do judeu como vítima — dor e sofrimento. E parece-me que esta também foi a reação pessoal de Malamud ao Holocausto.

É preciso enfatizar que Malamud realça o terrível caráter contingente da situação judaica. Yakov Bok nascera judeu mas não queria ser judeu; ao contrário, tentou esquivar-se de seu judaísmo nos braços de uma mulher não-judia. Manteve-se à distância do núcleo dos acontecimentos históricos até que estes vieram solicitá-lo: "Desde que nasceu, um cavalo negro seguia-o. Era um pesadelo judaico. O que era ser judeu, senão uma eterna maldição? Ele estava farto de sua história, de seu destino, de sua culpa de sangue". Embora aparentemente, não acredite no modo de vida judaico e não esteja disposto a arcar com a carga da história do sofrimento judaico, quando esta vem a ele e o reivindica, ainda que contra a vontade, ele aceita a sina e torna-se o leal porta-voz do sofrimento do povo judeu. Quando Grubeshov, representando o Czar, visita o prisioneiro inocente, acusado injustamente de libelo de sangue, acusando-o violentamente com todos os argumentos anti-semitas, humilhando-o e deprimindo-o, Bok não sucumbe, mas defende-se a seu modo — com o enorme poder de sofrimento característico do povo judeu. Grubeshov acusa a ele e seus correligionários de quererem estabelecer um estado mundial, de terem escrito *Os Protocolos dos Sábios de*

---

16. No original *The Fixer*, New York, Farrar, Straus, Giroux, 1966. A tradução brasileira é de Hélio Pólvora, Rio de Janeiro, Bloch, 1967.

Sião e o *Manifesto Comunista*, e de pretenderem dominar o mundo com gente como ele, Bok.

As acusações são, geralmente, impessoais: Yakov Bok não havia pecado como indivíduo isolado que cometera alguma iniquidade, mas pecara antes de ter nascido. Sua essência é seu pecado e seu pecado consiste na sua essência. De início, Bok não compreende do que Grubeshov está falando. Para ele, a questão não é a do pecado que lhe foi atribuído por alguma força externa, impessoal, que não o odeia como pessoa, mas como representante de um grupo. Tenta defender-se de um imaginário pecado que ele, Yakov Bok, teria cometido. O conflito de sentimentos, baseado nas relações entre dois grupos e nos preconceitos que não se referem a pessoas reais, é talvez o elemento mais trágico no emaranhado da teia onde Yakov Bok fica preso contra sua vontade. Malamud compreendeu magistralmente o aspecto trágico, irracional e levemente insano do "eterno ódio pelo povo eterno", quando um homem é responsabilizado por atos que não cometeu. Se ele aceita o desafio e arca com a responsabilidade por sua identidade (e é este seu crime), sua estatura humana adquire nova dimensão. A obstinada resistência do herói inocente e descomprometido deriva de alguma impotência abissal, uma terrível fraqueza que se manifesta em insólita forma de poder, transformando, como por um passe de mágica, o anti-herói em verdadeiro herói, e a vítima num símbolo de revolta. O sofrimento ensinou-lhe que sofrer em si é destituído de sentido e, por isso, o caminho da dor conduziu-o à resistência passiva, uma forma de rebelião. Isto é representativo da tardia reação judio-americana ao Holocausto: assumir responsabilidade por algo de que nunca os judeus americanos participaram, em que nunca estiveram envolvidos, mas com o que tiveram de identificar-se. O que aconteceu fisicamente a Yakov Bok, aconteceu ao seu criador, e ao grupo que Malamud representava intelectualmente.

VII

Bober, o sr. Schwartz e Oskar, o refugiado alemão, são vítimas aniquiladas fisicamente, mas triunfam espiritualmente. Yakov Bok é uma vítima, como todas as infelizes vítimas castigadas pelo braço divino, mas castigadas com mais rigor ainda pelo braço dos homens. Ao contrário dos outros, Yakov Bok torna-se um símbolo da revolta. Assim como as outras personagens, não quer admitir que fraqueza é culpa e que os poderosos falam a verdade e agem com justiça por serem poderosos. De maneira dialética, portanto, a figura do judeu na obra de Malamud desenvolveu-se a partir de uma visão ambígua e tragicômica para uma muito semelhante ao heroísmo. O heroísmo do protagonista consiste no seu poder de sofrimento passivo, que é mais forte do que o poder manifesto e visível de seus inimigos.

Deveríamos realçar o contraste entre os heróicos atos de Yakov Bok e aqueles dos heróis judio-americanos, tais como Noah Ackermann, o herói de *Os Jovens Leões* [17] de Irvin Shaw. Ackermann é perseguido, sem culpa, por anti-semitas no exército americano. Ele luta contra seus detratores, um a um; é derrubado, mas levanta-se novamente. No fim, após manifestar sua amargura e fugir, adquire o respeito e a gratidão de seus camaradas. Ackermann é um verdadeiro herói que responde ao desafio do anti-semitismo. Yakov Bok não é, essencialmente, um herói, mas uma vítima. Seus atos de heroísmo são os de um homem ferido e torturado, mas ele não se lamenta. Uma espécie de Jó em miniatura que não amaldiçoa Deus e morre, mas alguém que aceita o sofrimento e o suporta com orgulho por estar certo de sua inocência. Ele não luta para provar sua inocência, mas não há força no mundo que consiga dobrá-lo e forçá-lo a admitir um crime que não cometeu. A obstinada capacidade de sofrimento por parte de uma pessoa desamparada é uma característica tipicamente judaica de Bok, e em virtude desta, sai-se vitorioso. Seus inimigos rendem-se.

---

17. No original, *The Young Lions*, New York, Random House, 1948.

7. JUDAS ISCARIOTES E O DOM QUIXOTE JUDEU — SAUL BELLOW

I

Contrastando com a maioria dos autores analisados até aqui, Bellow, o mais importante do ponto de vista artístico, não retrata personagens típicas ou figuras representativas de uma certa classe social ou determinado ambiente, mas indivíduos insólitos quanto às suas personalidades ou aptidões. Apesar da minuciosa individuação dos protagonistas, no entanto, eles se assemelham a certos arquétipos, às figuras básicas do padrão humano. A natureza arquetípica da personagem emerge do papel representado na variada estrutura das relações em que o autor a insere. O relacionamento da personagem com o mundo e o relacionamento do mundo com ela são, em grande parte, a representação de uma realidade já existente, um eterno retorno. Das muitas personagens criadas por Bellow escolhemos duas histórias centrais, representativas do autor como artista criador, visando particularmente aos aspectos judaicos de sua obra. As duas personagens são Leventhal, o protagonista de *A Vítima*[1] e Moisés Herzog, o herói homônimo no romance *Herzog*[2].

---

1. BELLOW, S., *The Victim*, New York, Viking Press, 1947. Há uma tradução brasileira: *A Vítima*, trad. Jayme S. Taddey, Rio de Janeiro, Bloch, 1966.
2. BELLOW, S., *Herzog*, London, Weidenfeld & Nicolson, 1961. Há uma tradução brasileira, homônima, por Silvia Rangel, São Paulo, Símbolo, 1976 e reedição pela Global.

II

A Vítima é um romance à maneira realista: um enredo densamente elaborado, uma estrutura linear e personagens convincentes copiadas da vida real. Tem-se a impressão, no entanto, de estar penetrando num mundo de sombras, num universo grotesco onde reina a supremacia do absurdo. O enredo baseia-se no vínculo entre pecado imaginário e castigo nunca executado que, no entanto, persegue constantemente o pecado imaginado. A história trata de um judeu chamado Leventhal e seu antagonista Albee. Na opinião de Albee, Leventhal cometeu um pecado contra ele, de natureza profissional. Albee apresentou Leventhal para Rudiger, seu empregador e Leventhal foi grosseiro com este. Em seguida, Albee foi despedido e começou a beber; sua mulher deixou-o e em seguida morreu num acidente de automóvel. O amigo mútuo de ambos, Williston, também acusa Leventhal. Seu argumento é que poucos dias antes, Albee havia insultado Leventhal como judeu, por isso, Leventhal procurou vingar-se.

Albee está convencido que merece uma compensação de Leventhal, e que este precisa reparar sua vida malograda. Albee considera-se uma espécie de vítima das circunstâncias e Leventhal, a causa principal de suas desgraças. Leventhal torna-se aos poucos a vítima e o bode expiatório de tudo que lhe aconteceu. Albee mora em casa de Leventhal, dorme lá com uma mulher e tenta asfixiar-se com gás. As atitudes de Albee beiram o grotesco, visto a acusação ser totalmente infundada. Ele, no entanto, tenta dar-lhe veracidade de vários modos, todos eles implicitamente baseados no judaísmo de Leventhal. As acusações de Albee transformam Leventhal numa espécie de bode expiatório que deve sofrer porque várias forças impessoais estão em vias de destruir um outro ser humano. Albee considera-se como o Servo de Deus em miniatura, sofrendo por muitos. Leventhal é culpado de sua crucificação, tornando-se o Judas Iscariotes. Uma das acusações é que os estrangeiros tomaram conta da América: a América dos brancos, anglo-saxões, protestantes. Ele alega que membros de culturas estranhas (entre elas, obviamente, Leventhal, o judeu) estão reivindicando seus direitos à liderança. O próprio Albee é membro da "aristocracia" americana, descendente de um governador colonial.

De acordo com sua teoria, os filhos de Caliban, um povo escuro, rústico e miserável, uma raça de estúpidos rebeldes, está assumindo o controle dos Estados Unidos. "É como se realmente os filhos de Caliban dirigissem tudo. Você desce para o metrô e Caliban dá-lhe dois níqueis para a despesa"[3]. O mais chocante, todavia, em sua opinião, é que os filhos de Caliban também estão se apoderando do mais sacrossanto, a cultura americana.

"Mas de vez em quando, vou a uma biblioteca para dar uma olhadela e, na semana passada, vi um livro sobre Thoreau e Emerson escrito por alguém chamado Lipschitz...
— E então?
— Um nome como esse? — disse Albee com grande austeridade. — Apesar de tudo parece-me que gente de tal linhagem jamais poderia entender..."[4]

Albee achou seu bode expiatório entre os Calibans e atribui seu declínio social a eles. Suas observações contêm algo da atmosfera dos modernos movimentos anti-semitas: a decadência de uma classe social tentando protelar sua extinção localizando bodes expiatórios para responsabilizá-los pelo seu destino. As relações entre Albee e Leventhal revelam a luta latente entre a minoria e a maioria, uma espécie de *Kulturkampf** americano, onde a tradição dos patriarcas fundadores luta por sua existência contra as forças assediando seu baluarte.

Além do argumento cultural, Albee também levanta uma série de pontos adicionais para provar que Leventhal deve compensá-lo por seus fracassos. Albee desenvolveu uma estranha posição pseudofilosófica, de acordo com a qual ele se vê como uma espécie de moderno Jó, e acusa Leventhal de assumir atitudes de consolador de Jó. Do ponto de vista de Albee, o universo é governado com arbitrariedade, mas os homens ainda são chamados à responsabilidade pelos seus semelhantes. Todo mundo precisa ajudar seu vizinho, pois a tarefa é parte do trabalho geral imposto a toda a humanidade. Por este motivo, argumenta com Leventhal que, se ele, Albee, é um Jó contem-

---
3. *A Vítima*, p. 128.
4. *Idem*, p. 129.
* *Kulturkampf:* em alemão, conflito político-religioso.

porâneo, Leventhal deve representar os consoladores, visto ele defender a posição imoral de que todo o indivíduo é responsável por seu próprio malogro e que ninguém pode culpar seu vizinho por este motivo.

As acusações de Albee são inválidas, na medida em que Leventhal se debate num conflito entre o ardente desejo de garantir sua própria existência (o que só consegue com grande esforço), vivendo dentro dos limites de segurança criados, e sua extraordinária sensibilidade para com os sofrimentos de seus semelhantes, que o levou a dar abrigo a Albee em sua casa. Por causa desta sensibilidade, ele se culpa pelo destino de Albee e pela morte de seu sobrinho Mickey, vítima de terrível doença, internado num hospital. Nenhuma das circunstâncias é culpa de Leventhal. Albee é impertinente e malvado, culpado do próprio destino. Quanto ao sobrinho, Leventhal foi o único a preocupar-se, enquanto seu irmão, o pai do menino, estava fora da cidade, a mãe e a avó do menino desamparadas, sem tomarem as necessárias providências. Contra a vontade e os seus interesses, Leventhal torna-se vítima do incidente. Sente-se cada vez mais como o alvo inocente da perseguição. De início, atribui sua situação à condição humana em geral, mas, com o tempo, percebe que sua "culpa" está ligada ao seu judaísmo: que é acusado por ser judeu e que Albee o ofende por atribuir-lhe características judaicas.

Primeiro ele diz:

> "Há pessoas com quem você se encontra uma ou duas vezes e que o odeiam. Qual era a razão que as inspirava? Este Albee ilustrava este fato muito bem, porque era um beberrão em adiantado estado de degeneração humana para esconder o que sentia. Você tinha apenas que ser você mesmo para provocá-los. E por quê? um suspiro de desesperança escapou de Leventhal"[5].

Em outra circunstância, ao ouvir que seus amigos não-judeus acreditam nas calúnias que Albee espalhou a seu respeito, ele cogita:

> "Se ele já estava preparado para acreditar que fosse desse ou daquele tipo de pessoa — por que então evitar de dizê-lo na sua cara? — que ele aceitasse e carregasse

---

5. *Ibid.*, p. 72.

um esquema como este, por que era judeu, então a outra face do mundo por que tanto temera, aparecia e toda a felicidade da vida suprimia-se, e todas as ajudas humanas estiolavam-se, na maré do novo *status*" [6].

Por fim, compreende a antiga noção judaica de que o mundo o persegue não como indivíduo mas por aquilo que ele representa. Não o odeiam como Leventhal, mas como membro do povo judeu.

"Você acha que ele me ofendeu e eu quis colocá-lo em dificuldades. Por quê? Porque sou judeu. Os judeus são sensíveis e se alguém os magoa, não se esquecem jamais de quem os feriu. É o peso com que pagam as injúrias recebidas. Oh, eu sei que você não dá acolhida a estas idéias: é pura superstição. Mas você não muda nada neste mundo chamando tudo de superstição. De vez em quando, e muito freqüentemente até, você ouvirá pessoas dizerem: 'Isso vem dos tempos da Idade Média'. Meu Deus! não temos nomes para designar tudo que nos rodeia menos ainda para o que pensamos e sentimos."

O herói sente-se violentamente atingido pelo anti-semitismo e está convencido de que os que o rodeiam consideram-no como uma reencarnação de Shylock, exigindo a notória libra de carne dos cristãos. Ele argumenta que as pessoas não pensam nele em termos pessoais, mas arquetípicos, relacionando-se com ele como a materialização de uma personagem literária que desempenha importante papel em suas vidas psíquicas. Eles interpretam o amigo judeu à luz daquele arquétipo, mesmo que já tenham decorrido vários séculos desde o alegado fim da Idade Média. Albee vê-se como uma espécie de encarnação de Jó ou Jesus, carregando sua cruz num mundo que se recusa a ajudá-lo. E aos olhos de Albee, Leventhal aparece como uma espécie de Shylock e Judas Iscariotes que entregou seu amigo ao carrasco e depois lavou as mãos como Pontius Pilatus.

---

6. *Idem*, pp. 81-82.

III

O significado do anti-semitismo aqui é diferente do que aquele em outras obras judaico-americanas. A maioria descreve situações reais onde judeus são perseguidos por inimigos palpáveis com os quais, geralmente, eles se relacionam de modo impessoal. Em *Stern* [8] não há um verdadeiro embate de forças opostas, mas uma espécie de medo subjetivo que não tem objetivo definido e que faz o mundo todo parecer ameaçador. Em *A Vítima,* porém, temos o confronto entre duas pessoas, baseado na imagem arquetípica que cada grupo tem do outro. Esta mistura do pessoal e real com o suprapessoal dá à obra sua dimensão simbólica e aos heróis profundezas arquetípicas.

O *status* do herói como judeu é mais estranho ainda na medida em que o subenredo é centrado no irmão do herói, sua esposa italiana católica e o filho de ambos. As relações das minorias religiosas e sociais coloca indiretamente o delicado problema dos casamentos mistos. A cunhada de Leventhal e a respectiva mãe estão convencidas da culpa de Leventhal pela morte do menino. A avó católica sugere que seu neto, que morreu no hospital, foi a vítima ritual no altar do matrimônio da filha.

Sutil e implicitamente, esta é a versão moderna do libelo de sangue. A culpa do herói solitário e alienado, que nem sempre compreende o que lhe acontece, não é suscetível de prova objetiva, mas radicada como uma realidade nos corações de Albee e da cunhada cristã de Leventhal, assim como no coração do próprio "acusado" que, embora inocente, carrega os pecados do mundo. Bellow oferece um profundo relato de um dos problemas básicos da existência judaica: o problema da culpa. O mundo todo aponta para os judeus como bodes expiatórios e os judeus muitas vezes aceitam este papel. Bellow apresenta esta situação arquetípica de um modo brilhante e com grande sutileza, dotando os padrões arquetípicos com conteúdo insólito e verdadeiro.

---

8. FRIEDMAN, Bruce J., *Stern*, New York, 1962.

IV

A literatura judaico-alemã também conhece o arquétipo do Judas Iscariotes em versão moderna. A personagem Waremme-Warschauer, o judeu demoníaco em *O Processo Maurizius*, de Jakob Wassermann, é uma espécie de encarnação de Judas Iscariotes, arcando com certa dose de culpa pelo destino de Maurizius, além de sua culpa como arquétipo. Como o eterno judeu, ele é considerado culpado, quer seja um santo, quer tenha pecado. O problema da culpa, como problema judaico, ou o problema da justificativa de alguém acusado por todos os povos do mundo, embora mais justo que seus acusadores, parece-me ser um tema fundamental na literatura judaica em várias línguas.

V

O romance americano mais importante na década de 1960, escrito por um judeu e tratando de um personagem judeu, é *Herzog*, de Saul Bellow. Penetrando nas profundezas da existência, dúvidas e angústias do intelectual contemporâneo introvertido, ele oferece também uma fascinante visão do intelectual judeu de nossa época.

Começamos nossa análise com uma das observações mais interessantes do narrador a respeito do herói, onde Herzog é apresentado sob um aspecto arquetípico, comparado ao Dom Quixote e interpretado como a versão moderna do Cavaleiro da Triste Figura:

"Um Quixote era um cristão, e Moisés E. Herzog não era cristão. Vivia na era pós-quixotesca, nos Estados Unidos, muito depois de Copérnico, onde as mentes, pairando livremente no espaço, podem descobrir relações totalmente insuspeitadas por um homem do século XVII, fechado em seu pequeno universo" [9].

---

9. *Herzog*, p. 293.

Herzog é uma espécie de Dom Quixote judeu na sociedade de massas americana, fundamentada no darwinismo social e na sobrevivência do mais apto na luta pela vida. Herzog é um romance pseudobiográfico, girando em torno de uma personagem cuja mulher o trai com seu melhor amigo e, fato comum nos casos de infidelidade, o marido é o último a saber. Ao tomar conhecimento que a mulher e o amigo o lesaram pessoal e financeiramente, se arma de um revólver e pensa em vingar-se. O revólver é descoberto quando o protagonista se envolve num acidente de automóvel e o romance termina de maneira inconvencional.

O cenário do romance é a casa de Herzog em ruínas, em Berkshires, simbolizando sua própria existência dilapidada. Um traço característico da estrutura do romance é o uso da forma epistolar: o romance está repleto de grande número de cartas que Herzog, à beira de um colapso nervoso, dirige a seus antigos amigos e a várias pessoas, vivas e mortas, do mundo cultural e político na vida americana. As cartas revelam o papel desempenhado por essas figuras no passado de Herzog, e conferem a toda a história um significado mais amplo, projetando-a além dos problemas pessoais do herói. O destino de Herzog não é visto como o de um indivíduo isolado, mas como de alguém vinculado espiritualmente a todas as correntes intelectuais de sua época. Isto é, seu destino não é determinado somente por figuras que exercem influência direta no enredo, tais como a esposa Madeleine ou seu "amigo" Gersbach e as várias mulheres em sua vida, mas também pela situação americana e a de toda a humanidade. Sua vida também é influenciada pela disputa eleitoral entre Eisenhower e Stevenson, pela preferência do eleitorado americano, pela bomba atômica, pela filosofia de Nietzsche, e pelas idéias de um certo Mc Siggins que escreveu sobre "As idéias éticas da comunidade comercial americana" (p. 169). As cartas servem, às vezes, também de reflexões metafóricas sobre o enredo principal. Assim, por exemplo, a carta de Herzog ao falecido Dr. Morgenfruh diz:

"O trabalho do Sr. Solly Zuckerman com os macacos do zoológico de Londres, do qual você falava tanto, foi suplantado. Os macacos, no seu *habitat*, são menos excitados sexualmente do que aqueles no cativeiro. Deve ser porque a prisão, o tédio, aumentam a luxúria"[10].

---

10. *Idem*, p. 326.

Esta técnica amplia o significado do romance. Não trata somente de um certo Moisés Herzog cuja mulher o trai, mas do intelectual na sociedade americana. Herzog é igual ao seu nome: um duque, o decadente membro da nossa geração de aristocracia abolida — a *intelligentsia*. Gersbach, seu amigo, não lhe rouba somente a mulher, mas é também a sombra do herói, assim como a alma destruidora de Herzog é representada pela figura de Madeleine. Seu fracasso não é somente a nível pessoal, mas é paralelizado pela derrota de Stevenson por Eisenhower.

VI

De certo modo, Herzog representa o indivíduo romântico na sociedade moderna. Por "romântico" eu me refiro a uma pessoa com ilimitados anseios, tanto bons quanto maus, pelo infinito; um ilimitado amor pelo objeto de seus afetos, e fé na misteriosa força que rege nossas vidas. Herzog porém, não é um romântico tradicional, mas um romântico numa época sofisticada que não aceita os valores absolutos; um romântico que cogita sobre cada passo a dar, analisa-o e está consciente de seu significado social, um professor romântico que escreve sobre o tema "Romantismo e Cristianismo". Ele é, conforme já dissemos, uma espécie de aristocrata secreto, uma espécie de Duque da Beleza, num mundo repelente. Refere-se a si mesmo como "Graf Pototsky* de Berkshires" (p. 83); um humanista que acredita piamente no valor do indivíduo na sociedade de massas, ele exprime estes anseios neo-humanistas nas seguintes observações:

> "Fixou seus próprios olhos perplexos e furiosos, e deu um grito. Meu Deus! Quem é esta criatura? Considera-se humana, mas o que é, na realidade? Nada humana — só tem ânsia de ser assim: sonho perturbador, vapor persistente, desejo. De onde vem tudo isto? E o

---

* *Graf Pototsky* — Lit. Conde Pototsky; referência ao conde polonês que, convertido ao judaísmo, foi condenado à morte sob a acusação de proselitismo. Em iídiche coloquial, referência a pessoa rica, benemérita e aristocrática.

que é isto? O que pode ser? Não é uma ansiedade imortal. Não. É inteiramente mortal, humana"[11].

Este Dom Quixote humanista é muito sensível à beleza da natureza, apaixona-se por Madeleine, a "bela dama impiedosa". Ela é uma versão moderna da mulher fatal, que não fere mais as emoções, mas o intelecto. Ela quer destruí-lo espiritualmente, competindo com ele no nível intelectual:

> "Compreendia que a ambição de Madeleine era tomar meu lugar no mundo da cultura. Superar-me. Alcançar grande importância como rainha dos intelectuais, a mulher forte e sábia... Madeleine... atraiu-me para fora do mundo do intelectualismo, entrou nele ela mesma, bateu a porta, e ainda está lá, falando mal de mim"[12].

VII

Enquanto Herzog é um nobre, Gersbach é sua sombra plebéia. Juntos, eles representam as duas faces da sociedade moderna: uma, a de Herzog, é sensível demais para resistir às provações da vida, e a outra, seu antagonista, é um malandro rude, extrovertido e danoso que espezinha tudo o que está em seu caminho. Uma espécie de personalidade da televisão, inteiramente dedicada à comunicação das massas. Ele é o oposto de Herzog que cria na sua escrivaninha. O impacto de Gersbach sobre homens e mulheres é enorme. Herzog interpreta-o como a encarnação do espírito dionisíaco à maneira de Nietzsche[13]. Sua vitalidade extrovertida, uma expressão do poder dos sentimentos das massas, espezinha o mundo da nobreza. A vitória dos Gersbachs é a vitória das massas sobre os resquícios espirituais, sobre a aristocracia espiritual do humanismo intelectual. Herzog che-

---

11. *Idem*, p. 227.
12. *Idem*, pp. 8-84.
13. *Idem*, p. 325.

ga a ter a visão da "plebe arrombando os palácios, as igrejas e saqueando Versailles"[14]

A sombra da plebe pesa sobre a nova sociedade e o homem das massas herdará o mundo. O trágico da visão de Herzog é o fato de que cada indivíduo, enquanto indivíduo, está condenado ao fracasso: "... migalhas de decência é tudo o que nós, mendigos, podemos dispensar uns aos outros. Não é de admirar que a vida pessoal seja uma humilhação, e desprezível o fato de sermos indivíduos"[15].

Os dois torturadores de Herzog, Gersbach e Sandor Himmelstein, o primeiro supostamente seu amigo, mas na realidade o cúmplice de malandragens de Madeleine, criaram profundas raízes neste mundo, na arena da luta pela sobrevivência.

Olhar agudo, astutos e sofisticados, embora fisicamente desprivilegiados (Sandor é corcunda e Gersbach manca devido a uma perna artificial), eles são malfeitores que executam as ordens da *belle dame sans merci*. Ambos são cínicos até o fundo da alma e, como inquisidores, divertem-se com a confiança que inspiram a Herzog, o humanístico Dom Quixote.

A ironia, obviamente, é que o próprio Herzog escolheu seu destino: a autodestruição. De todas as mulheres de sua vida, Daisy, sua primeira mulher, Ramona, a mulher que poderia salvá-lo, e Suso, sua amante japonesa, ele escolheu Madeleine. De todos os seus amigos e parentes, ele escolheu Gersbach como seu amigo mais íntimo.

Parece que estamos afirmando que o intelectual, o Dom Quixote da nossa geração, procura propositalmente a pessoa que irá destruí-lo. Ele opta pela autodestruição, cuja origem é a constante autocrítica, uma espécie de inquisição intelectual. Só a mulher que representa este poder destrutivo consegue atraí-lo para sua teia dourada; e somente o homem que encarna a mais completa traição de valores espirituais, que os desmerece e os joga aos porcos, é escolhido como o companheiro de Jó, levando-lhe ruína e destruição. A multifacetada vulgaridade da vida moderna, sua patologia crítica e seu mercantilismo é que atraem o herói e o destroem, purificando-o, talvez, nesse processo, ao fazê-lo uma espécie de "santo martirizado" da civilização.

---

14. *Idem*, p. 222.
15. *Idem*, p. 270.

VIII

Qual o papel da problemática judaica neste confronto entre o homem sensível, de espírito, e sua outra face, aquela que é sujeita à realidade da sociedade moderna onde ele vive? A família judaica do mundo de Herzog é um abrigo tranqüilo e seguro. É o único lugar seguro, a retaguarda onde ele pode refugiar-se nas horas difíceis. Contrastando com os heróis de Philip Roth, a tragédia das personagens de Bellow não consiste na rebelião contra a família, mas na separação da mesma. Seus vínculos com a família são "... tribais, sabe? Associados ao culto dos ancestrais, ao totemismo" [16]. As descrições da família são ligadas a profunda nostalgia e emotividade. Seu pai, um fracassado, e sua mãe moribunda que tenta ocultar do filho a amargura da morte são ambos descritos com amor, e quando o narrador descreve a fisionomia da mãe de Herzog, ele torna a descrição uma espécie de canto de louvor para o povo judeu que produziu tal matriarca:

> "E Herzog, embora recordasse o rosto triste da mãe com amor, intimamente não queria ver tal tristeza perpetuada: tristeza que refletia a profunda experiência de uma raça, sua atitude em relação à felicidade e à morte" [17].

Com exceção de Zelda, uma de suas tias, que se identificou completamente com o ideal americano de dinheiro e sucesso como os mais altos valores humanos, ele ama todos os membros de sua família: sua madrasta tia Taube, seus irmãos Shura e Will, sua irmã Helen. Embora seus irmãos tenham enriquecido e se identificado com a nova sociedade, ainda conservam a decência e praticam a filantropia, que caracterizaram os judeus das gerações anteriores.

É para eles que ele se volta na hora da necessidade (ao ser preso com uma pistola na mão, sua esposa acusando-o em falso) e é deles que ele recebe coragem. A família judaica é o fundamento positivo de sua vida, e é possível afirmar que, de um certo ponto de vista, seu humanismo se torna mais convincente à luz dos vínculos

---

16. *Idem*, p. 85.
17. *Idem*, p. 238.

com seu lar, onde ele foi criado no amor aos seus semelhantes e nas cálidas relações humanas.

A tragédia desta personagem é que deixou a família e partiu para a conquista na floresta virgem da vida americana, e não achou outra família lá. A civilização e a nova cultura que produzem espécimes como Madeleine e Gersbach não pode abrigar simultaneamente o suave cavaleiro. A distinção não é entre judeus e gentios (a maior parte dos protagonistas são judeus), mas entre judeus que se adaptaram à nova cultura, tornando-se seus porta-vozes, e Herzog, que não se adaptou a ela, e cuja vida é uma longa sucessão de desadaptações. Do ponto de vista do fracasso de Herzog em adaptar-se, ele se sente judeu:

> "Os judeus foram alheios ao mundo durante um longo período de tempo, e agora o mundo estava sendo alheio a eles, em contrapartida" [18].

Enquanto alguns, no entanto, ficaram fiéis à tradição ancestral, outros tornaram-se entusiásticos portadores da cultura americana. São estes os "apóstatas" penetrando no mundo dos intelectuais por esnobismo, como Madeleine, os profissionais nos meios de comunicação como Gersbach e os advogados espertos como Himmelstein e Simkin. Diferenciando-se radicalmente destes, há os que constituem a fina camada da sensível elite intelectual — a camada de artistas e pensadores românticos que alimentam a visão de uma nova realidade em seus corações, incapazes de adaptar esta visão à realidade que os cerca. Em seu desespero, eles se entregam à autodestruição, vendendo suas almas aos satãs da publicidade mais vulgar. Ao acordar, vêem-se de mãos vazias e vidas despedaçadas, homens alquebrados, suaves cavaleiros incapazes de penetrarem no mundo selvagem sem saírem feridos.

Assim como Malamud, Saul Bellow contesta e nega certos valores básicos do modo de vida americano. Se Malamud retrata a vítima do darwinismo sócio-econômico como o último dos justos, Bellow criou a figura do intelectual moderno como bode expiatório da sociedade de massas, a vítima de seus semelhantes. Ambos os escritores combateram as normas sociais de sua comunidade — a judaica e a não-judaica — e criaram o ideal romântico dos anti-heróis cuja justificativa existencial era, paradoxalmente, seu fracasso profissional.

---

18. *Idem*, pp. 178-179.

Ambos colocaram em primeiro plano fracassados sociais que foram sucessos do ponto de vista humano e colocaram em segundo plano representantes das falsas normas convencionais dessa sociedade, monstros humanos. Bellow e Malamud identificaram o melhor da judaicidade de suas personagens judaicas com aquilo que consideravam o melhor do humanismo. Seus marginais são estranhos numa sociedade debochada.

IX

A literatura hebraica e iídiche, desde Berditschevsky, passando por Scholem Asch, ambos os irmãos Singer, incluindo Schofman, Berkowitz e Agnon, e a literatura de língua alemã, de Wassermann e Kafka a Zweig e Schnitzler, está repleta de tais personagens: judeus desarraigados que se juntam à elite intelectual sem acharem o seu devido lugar nela, permanecendo eternos intrusos, embora pareçam ter alcançado a forma mais consumada de assimilação. Estes judeus são figuras eternamente colocadas à margem, cujo *status* de marginalidade lhes confere poderes de observação e crítica inacessíveis a outros.

Só quem insiste em dissociar Moisés Herzog de seu contexto judaico pode vê-lo simplesmente como um intelectual americano. Não é simples acaso que os conceitos do intelectual e do judeu na América sejam semelhantes (assim como estes dois conceitos também eram semelhantes na Alemanha durante a década de 1920). Boa parte da elite intelectual americana é judaica, e seu neo-humanismo é a contribuição mais importante da minoria judaica àquela cultura. Parece-me que a origem destes valores neo-humanistas deva ser encontrada, principalmente, no *status* de exceção dos judeus. Eles sentiram-se atraídos pelo brilho da nova cultura e ficaram presos nos tentáculos da teia de todas as tendências espirituais, contribuindo com a luz de suas antigas tradições para alumiar o brilho das grandes cidades. Ainda assim, permaneceram fora do mundo no qual tentaram envolver-se.

8. RETRATO DO JUDEU COMO JOVEM NEURÓTICO — PHILIP ROTH

I

Já tratamos nestes ensaios dos contos de Philip Roth em *Goodbye, Columbus*. A coletânea de contos é extremamente hostil à mentalidade judaico-burguesa. O antagonismo de Roth ao *establishment* é patente em "Eli, o Fanático", assim como no encantador conto, não mencionado ainda, "A Conversão dos Judeus". O conto relata a respeito de um menino que não recebe resposta a uma questão teológica que ele formula na aula de religião. A herética pergunta é: Se Deus é onipotente, como pode o Rabino negar que ele deu à luz a Jesus? O menino é mandado para fora da classe. Ele sobe ao telhado e ameaça cometer suicídio até que sua pergunta seja respondida. Por fim, ele obriga sua família e todos os judeus a aceitarem sua opinião.

A história apresenta um aspecto um tanto negativo de uma comunidade judaica, seu conceito de educação, e as relações coercitivas que ela impõe aos antigos e vemos porque os jovens se revoltam contra as crenças aceitas por aquela sociedade. Em *Letting Go* [1], Roth também trata do problema de relacionamento entre judeus e gentios. O romance conta a história do casamento de Paul Hertz, um jovem judeu em conflito, e Libby, uma mulher não-judia, sensível, que se havia convertido por sua causa; as relações entre o casal e uma terceira personagem, Gabe Wallach, o narrador e protagonista, judeu também, mas afastado de todo relacionamento humano honesto.

---

1. ROTH, Philip, *Letting Go,* New York, Random House, 1962.

A estrutura das relações entre as personagens é muito complicada. Cada um ataca e fere violentamente ao outro. Roth escreve a respeito da terceira geração de judeus americanos, não mais os que se criaram com pais imigrantes, mas aqueles cujos pais já nasceram nos Estados Unidos. Sua atitude para com a vida e as instituições judaicas é isenta de sentimentalismo. Não encontrando nenhum conteúdo real nestas estruturas que lhes parecem desprovidas de sentido, eles não toleram a vida social e familiar judaica. É a geração geralmente composta de rebeldes, jovens que partem para enfrentar o mundo e contudo não têm as forças de arcar com a carga sozinhos.

II

É como uma rebelião malsucedida, uma luta desembocando em frustração, uma fuga que é meramente uma louca corrida atrás de sua própria sombra, que podemos compreender a obra mais famosa de Roth, *Complexo de Portnoy*[2]. Certamente não é o romance do século como alguns entusiastas proclamaram, nem é pura pornografia como seus detratores alegam. É o estudo de "um caso" que relata o desenvolvimento espiritual e social de um jovem judeu sob certas circunstâncias sociais. Procurando paralelos da mesma personagem na literatura hebraica, acharemos surpreendentes semelhanças dos traços de Portnoy em contos de M. Y. Berditschevsky, as personagens de "Além do Rio" e "O Corvo Voou"[3] que cobiçam as filhas de "outro povo", e são inibidas por sua formação, são irmãs de Portnoy; assim como a personagem Yasha, de Isaac Bashevis Singer, em o *Mágico de Lublin*[4], se sente atraído pelos encantos de Emília, uma mulher gentia. Aqui, como ali, o apelo erótico por um

---

2. No original, *Portnoy's complaint*, New York, Random House, 1967. Existe uma tradução brasileira por Cesar Tozzi, Rio de Janeiro, Expressão e Cultura, 1970.
3. No original "Meever Lanhar" e "Orva Parach", in *Obras Completas*, Tel Aviv, div. edições.
4. No original *The Magician of Lublin*, New York, Farrar, Straus & Cudahy. Existe uma tradução brasileira: *O Mágico de Lublin*, trad. Maria Luiza de Queiroz e Rachel de Queiroz, Rio de Janeiro, Edinova, 1967.

mundo estranho é a expressão vital do desejo do herói de libertar-se dos grilhões da vida judaica, sob todos os pontos de vista.

A técnica de Roth, neste caso, tem muito em comum com o fluxo de consciência, e alguns capítulos soam como uma paródia a *Retrato do Artista Quando Jovem*, de Joyce [5]. A técnica narrativa é baseada numa espécie de monólogo balbuciado no divã do psiquiatra, embora o terapeuta não seja visto nem ouvido. A premissa psicanalítica permite a Portnoy levantar vários detalhes sexuais íntimos no seu monólogo, tentando interpretar sua vida pela psicanálise — ele leu a obra completa de Freud antes de iniciar a análise [6]. Não surpreende, portanto, que seu pai e sua mãe, a relação sexual entre ambos e as suas próprias relações sexuais, constituam o foco principal do auto-retrato do herói. O judaísmo na vida cotidiana de seus pais e a mulher gentia que representa o mundo externo, fora da casa paterna, são os dois pólos de sua vida pessoal. O tópico central do romance é a recusa do herói em adaptar-se à vida judaica burguesa e sua incapacidade de sair desse círculo vicioso de uma vez por todas. A ambigüidade da situação resulta de sua atitude ambivalente para com a casa paterna. Sua relação com os pais não é só de caráter pessoal: eles representam a tribo. Seu vínculo com eles e sua dependência não são os de um indivíduo chamado Alex Portnoy com um homem e uma mulher que são seus pais, mas os de um membro da tribo judaica com todos os seus chefes. Ele atribui seus modos de pensar e agir às normas da tribo. Ama-os e odeia-os, e a tudo o que eles representam. Conseqüentemente, a revolta do "filho-judeu" contra os pais que controlam sua vida exprime a revolta de todo o povo judeu contra a doutrina da eleição. Como é seu desejo sair da casa dos pais, ele não quer ser o filho "eleito" e acha a idéia bíblica "Tu nos elegeste" repugnante.

Revolta-se contra a eleição e ainda assim tenta conservar de todos os modos suas características diferenciadoras e a integridade da raça para poder distinguir entre judeus e gentios.

---

5. No original *Portrait of the Artist as a Young Man*, 1916. Existe uma tradução brasileira: *Retrato do Artista Quando Jovem*. Trad. José Geraldo Vieira, Rio de Janeiro, Civilização Brasileira, 1971. Há uma reedição da Abril Cultural.

6. Ver o brilhante artigo de BRUNO BETTELHEIM, "Portnoy Psychoanalyzed", in *Midstream*, New York, XV, n. 6, junho-julho 1968, pp. 3 a 10 e ROTH, P., "On Portnoy's Complaint", in *Reading Myself and Others*, New York, 1976, pp. 15 a 22.

Os muros do gueto familiar e os invisíveis muros do gueto tribal são idênticos a seus olhos e todos os seus esforços são dirigidos no sentido de derrubar as muralhas de Jericó, para fugir e libertar-se. Sob certo ponto de vista, ele admite que a exclusão não é inteiramente culpa do povo eleito, visto que o mundo exterior também exerce pressão: a família enfrenta o anti-semitismo e o pai não é promovido na companhia de seguros por não ser *wasp**. Parece, todavia, a Portnoy, que a reação da família-tribo à pressão social é excessiva: os *goyim* (não-judeus) os mantêm à distância, e por isso eles se isolam e voltam-lhes as costas.

A reação do jovem a esta auto-segregação, que intervém entre ele e o contato direto com o mundo ao seu redor, é um violento ódio pelas barreiras que o separam da vida, especialmente ódio contra a mãe que se interpõe como uma espécie de bastião entre ele e os outros.

"Nem todos têm a sorte de nascer judeus, sabe, por isso sejamos um pouco mais tolerantes com os menos afortunados, está bem? Pois já estou farto de tanto *goyische* pra cá e tanto *goyische* pra lá! Se é ruim, são os *goyim*, se é bom são os judeus! Não estão vendo, meus queridos pais, de cujos lombos de algum modo saí, que esta maneira de pensar é um tanto bárbara? Que não expressa outra coisa senão o seu *medo*?" 7

Logo a seguir, ainda na mesma página, o autor repete a idéia com mais intensidade:

"Judeu judeu judeu judeu judeu judeu! Já está espirrando pelos meus ouvidos esta saga de judeus sofredores! Façam-me um favor, meu povo, enfiem a herança sofredora no seu trazeiro sofredor, *pois acontece que também sou um ser humano!*"

Estas citações são suficientes para mostrar que o eterno problema da literatura hebraica emergiu mais uma vez aqui, mas em novo

---

* *Wasp:* em inglês, branco, anglo-saxão, protestante.
7. *Complexo de Portnoy*, p. 66.

estilo e num ambiente diferente. Todas as velhas tensões de Berditschevsky e sua geração, os problemas do "judaísmo *versus* humanidade", o povo eleito ou uma nação como as outras, a família e o mundo, são descritos com novo vigor. O que aborrece Alex Portnoy não é o fato de os judeus desdenharem prazeres típicos dos gentios como futebol e preferirem seus próprios lazeres como *mahjong*, mas os ideais sociais em geral da comunidade judaica, cristalizados no seguinte modelo:

> "Este cavalheiro acaba se revelando não ser outra coisa senão um judeu cerebrino, calvo e narigudo, com uma forte consciência social e cabelo preto em seu corpo, que não bebe, não joga e não anda com coristas a tiracolo. Um homem que na certa lhe dará filhos para educar e Kafka para ler — um verdadeiro messias doméstico!" [8]

A figura descrita parece uma caricatura anti-semita: a repugnância do herói pela mesma vem do sentimento de que é isto, e nada além disto, o objetivo da sociedade judaica. O herói, que foi educado com este modelo em mente, odeia o ideal de submissão burguesa. Mais do que tudo, pelo que vemos do seu desdém pela pureza e moralidade do "cavalheiro", ele odeia as imaculadas mãos e a pureza moral, baseadas, em sua opinião, na castração dos idealizados heróis judeus. Falta-lhes o telúrico — o poder do pecado, e, em sua opinião, não existe maior dever do que transformar estes mansos e castrados em pecadores. Seu anseio por pecado, no pequeno mundo burguês que já sufoca embrionariamente todo e qualquer pecado, é um dos objetivos principais de sua vida, como se somente o pecador pudesse romper a camisa de força da coerção que lhe foi imposta pela família e pela tribo. O que ele não consegue perdoar aos patriarcas tribais é o fato de castrarem seus filhos:

> "Um judeu com os pais vivos é a maior parte do tempo um indefeso bebê!" [9]

---

8. *Idem*, p. 132.
9. *Idem*, p. 96.

da morte do filho. A mãe de Alex também é parecida com a mãe de outro menino que se enforca deixando um bilhete, lembrando a mãe de não chegar atrasada ao jogo de cartas.

Alex vê a si mesmo, seu primo Heshie, o menino suicida e todos os seus amigos, jovens de sua geração, como vítimas neuróticas de gigantescas e aterradoras figuras maternas que castram espiritualmente seus filhos. A mãe é como um monstro que devora seus filhos. Seu ódio e repugnância por ela são simplesmente o inverso do poderoso vínculo que o liga a ela.

V

Qualquer crítico que alega ser esta uma fantástica inovação, característica da literatura judaico-americana, está enganado. Ele só terá que examinar as relações entre Tsirel e Hirschl em "Uma História Simples"[11], para verificar que Agnon e Roth são bastante semelhantes entre si, embora distanciados sob o aspecto da cultura e da linguagem (em gabarito literário Agnon certamente ultrapassa Roth de longe). Os padrões sociais e psicológicos dos dois autores são bastante semelhantes e circunstâncias psicológicas similares produziram enredos parecidos — em "Uma História Simples" a ação também termina no divã do psicanalista Dr. Langsam, e as personagens apresentam mentalidades semelhantes. Tsirel e Sophie Portnoy têm as mesmas raízes e Hirschl e Alex são muito mais parecidos do que Portnoy admitiria se encontrasse seu compadre no *schtetl* galiciano[12].

O maior esforço de rebelião contra sua mãe era realizado no relacionamento da personagem com moças não-judias que ele procura para, deste modo, trair sua mãe e sua sociedade ao mesmo tempo. O papel central do casamento na vida tribal do judeu americano

---

11. No original "Sipur Paschut", in *Al Kapot Haman'ul,* Jerusalém, Schocken, ed. final 1953.
12. Ver meu ensaio "A filha do rei e o banquete da mãe" — um estudo sobre "Uma História Simples", in *Omanut Hassipur schel Agnon,* Tel Aviv, Sifriat Poalim, 1973.

é manifestado nesta estrutura de relações. A esperança de continuidade da existência judaica e o futuro da tribo dependem de o judeu não casar fora do rebanho. Por outro lado, Portnoy inveja os rapazes gentios cujas relações com moças gentias são desinibidas. Ele inveja os loiros cristãos que são os legítimos donos e habitantes do lugar. Ele se vinga da filha dos empregadores do pai, um homem fraco e doente, oprimido pela mulher e pelos empregadores gentios. Como nos contos de James Baldwin, a raça oprimida vinga-se dos opressores nas camas das filhas. (Um outro exemplo da literatura hebraica recente: em *O Amante* de A. B. Yehoschua, um jovem árabe seduz a filha do patrão judeu.) Os negros de James Baldwin são desinibidos e usufruem suas conquistas, enquanto o nosso Portnoy, ao invés de vingar-se da raça superior, procura apenas rebelar-se contra sua mãezinha. Ele procura quebrar os elos da corrente, mas cada um que ele parte dá lugar a novas inibições. Parece ter-se liberado mas, na realidade, sua mãe descomunal sempre o alcança e na última hora impede-o de consumar suas relações. Com mulheres gentias como Kay Campbell, a moça americana ideal de Iowa, sua namorada na faculdade, emerge um misto de medo, inferioridade, curiosidade e desejo. No caminho para passar um fim de semana com os Campbells, ele reza "tomara que não haja retratos de Jesus Cristo na casa dos Campbells. Que eu possa passar este fim de semana sem ter de avistar a sua patética carinha ou lutar com alguém que use uma cruz!" [13] A oração trai o medo misturado com inferioridade que acompanha o herói nos seus comportamentos com mulheres "do outro lado do rio". Por fim, não se casa com Kay porque ela recusa converter-se. O punho da mãe ainda o domina.

Outro relacionamento com Sarah Abbott Maulsby, a aristocrática herdeira, filha de uma família de elite que emprega seu pai, também malogra. Portnoy tenta humilhar a companheira obrigando-a a participar de atos sexuais exóticos. Quando ela recusa, ele alega que é por ele ser judeu. Não há dúvida que é uma reação muito judaica da parte de um homem que não está liberado psicologicamente de sua tribo.

O núcleo do livro trata das relações entre Portnoy e uma mulher chamada Mary Jane Reed, a quem ele chama "a macaca". É uma mulher infantil, transbordando de vitalidade física e pronta para qual-

---

13. *Complexo de Portnoy*, pp. 192-3.

São homenzinhos retardados, inibidos, incapazes de decidir alguma coisa, e incapazes de pecarem, porque somente quem comeu da árvore do conhecimento é capaz de escolher entre o bem e o mal e de determinar seu próprio destino. E, assim, o herói não cansa de reclamar:

> "Que mais são, pergunto-lhe eu, todas essas regras e regulamentos dietéticos, senão um modo de nos iniciar, a nós, criancinhas judias, na prática de sofrer repressão? Pratique, queridinho pratique, pratique. A inibição, como o senhor sabe, não cresce em árvore — é necessário paciência, é necessário concentração, são necessários um genitor dedicado e abnegado e uma criancinha esforçada e atenta, para que se crie dentro de poucos anos um ser humano realmente reprimido e de trazeiro fechado" [10].

A família não é tão malvada quando poderosa, esmagadora e castradora.

III

O relacionamento de Portnoy com o mundo obviamente é ambíguo. A relação deriva do tipo de família que, de um lado, é o único elemento confiável em sua vida e à qual ele é ligado com todas as fibras da alma, mas, por outro lado, ela é destrutiva por não deixar o filho escolher seu próprio caminho. Tudo o que Portnoy fizer, não será feito de livre e espontânea vontade, mas somente sob a influência da família ou contra a vontade desta. Sofia, a mãe, que é poderosa e autoritária, e o pai que é fraco e oprimido, ambos reprimem o filho — a primeira com sua força e o segundo com sua frequeza.

As relações sexuais de Portnoy com mulheres não-judias (como Kay Campbell, Sarah Abbott Maulsby e "a macaca") não são a manifestação de um rapaz por uma moça de outra nação porque sua

---

10. *Idem*, p. 69.

alma anseia por ela, mas indicam revolta contra seus pais, ou a expressão de suas ambições ocultas. Seus romances não representam uma relação humana insólita, de um ser com o outro, mas a relação de um jovem anti-herói judeu com moças sem traços ou expressão características. São gentias que o judeu deseja, ou por revolta contra sua mãe, ou para vingar as injustiças que os *goyim* cometeram contra seu pai. O fenômeno é um tanto paradoxal porque o desabafo do herói é seu desejo de individuação, a liberação dos grilhões do judaísmo. Ele argumenta que não é só judeu, mas também um ser humano. Prefere humanismo a judaísmo, mas somente por fora. Nenhuma de suas extravagantes reivindicações é transformada em atos. O simples fato é que o herói ainda é prisioneiro de sua tribo e sua oposição às leis da mesma e os seus hábitos sexuais não derivam de um excesso de liberdade, mas de falta da mesma.

IV

A figura central na vida de Alex Portnoy é sua mãe. Ela é concebida como a figura todo-poderosa que se impõe a seu filho e que o impede de levar uma vida independente. Para ele, a mãe judia é a representante da sociedade judaica — sua vida, seus costumes e seu modo de pensar. Quando ela exige que ele coma, quando ela segura uma faca diante dele (como ele lembra em suas "queixas") ela não é só sua mãe, mas a mãe de todos os meninos judeus. Sua exigência que ele cumpra todos os costumes religiosos da fé judaica é uma espécie de reivindicação feita pela religião em suas manifestações sociais. Quando ele conta como ela foi quase tentada pela comida e pelo corpo do escocês Doyle, é como se ele descrevesse um ato de blasfêmia, é como se, Deus nos livre, a própria *Schechiná** tivesse sido seduzida por forças satânicas. Ela não é a única no gênero. Ela inibe o desenvolvimento do filho, assim como o tio Hymie conseguiu separar seu filho Heshie da namorada não-judia mentindo que seu filho tinha uma doença no sangue. No fim, este filho é convocado e morre na guerra — e o resto soa como se Portnoy acusasse o tio

---

* *Schechiná:* em hebraico, presença da Divindade entre os homens.

quer desvio sexual, sem constrangimento nem inibições. A "macaca" é uma figura selvagem, amoral, antiintelectual e inconvencional. Se Portnoy é um conjunto de inibições e frustrações, preso umbilicalmente à mãe, a "macaca" é uma carga explosica que não conhece limitações nem restrições no âmbito físico ou sexual

VI

De um modo simplista, poderia dizer-se que Roth está usando conscientemente duas posições míticas que implicam uma na outra. Se fôssemos dar um relato arquetípico do romance, poderíamos estabelecer uma série de oposições como espírito e matéria, ordem e caos, o monge e a prostituta etc. Todas estas oposições estão, obviamente, muito distantes da verdade literária plena: Portnoy é um libertino que foi criado para ser monge; um intelectual que anseia pelos prazeres da cama; um judeu respeitador da lei que só sabe exprimir sua submissão à mesma desrespeitando-a por achar que ela o priva da felicidade. Em vários capítulos do livro (especialmente no clímax) o herói tenta descrever as orgias dionisíacas em que ele e a "macaca" transgridem os limites do permitido e do proibido. Mas lembremo-nos que o leitor ouve a descrição destes atos ousados de um paciente deitado no divã do psicanalista, procurando alívio para sua alma aflita. Uma pessoa liberada não precisa analisar sua liberdade.

Qualquer perspectiva deste romance que não se relacione com o cenário básico da narrativa — o divã do psicanalista — não corresponderá à essência da obra: não é o relato de libertinagens sexuais, mas a descrição de um homem queixando-se de que esta liberação era só aparente. Suas relações com a "macaca" são um esforço muito patético da parte de um judeu preso ao mundo do espírito, de fugir de si mesmo e refugiar-se nos prazeres da carne; essa fuga termina em fracasso e frustração. Quando essas relações ameaçam tornar-se sérias, a ponto de a mulher que simboliza o caos procurar legalizá-las, Deus nos livre, Portnoy foge de sua redentora com quem havia ido para Atenas (acredito que Roth quisesse atribuir sentido de paródia àquela cidade) a cidade do deus Dionísio, e foge para Israel, o país dos milagres, que, para ele, também é uma paródia de Jerusalém, a terra das leis e dos ideais. Também lá, o herói não consegue eximir-se dos mandamentos de sua mãe, que lhe murmura: "Não te cases com a filha de uma nação estranha".

Os encontros sexuais de Portnoy em Israel são bastante instrutivos. Ele encontra duas moças: uma é tenente do exército e a outra, Naomi, nasceu num *kibutz,* de pais americanos. Em ambos os casos o herói não consegue fazer amor; ele é impotente diante do novo fenômeno de uma moça judia que se parece com uma gentia mas pensa e age como judia. Os padrões morais de Naomi, quando ela prega um sermão para Alex que não agrada a ele, parecem uma nova encarnação da doutrina materna. Naomi, assim como sua mãe, embora representando um sistema de valores completamente diferentes, não está preparada para uma vida sem restrições. Ela exige que ele aceite os valores da sociedade dos pioneiros israelenses que, na opinião de Portnoy não passam de substitutos dos mesmos antigos valores judaicos que privam o homem de sua liberdade sexual completa. Quando as relações sexuais deixam de exprimir meramente a rebelião, e a energia que as motiva não é mais negativa, o herói que fora exuberantemente viril com *schikses** de vários tipos, torna-se impotente. Em Israel ele se sente no exílio (é este o nome do último capítulo), como um peixe fora da água. Refugiou-se em Israel para fugir do mundo cristão, mas não se achou em casa lá. Fugiu da mulher que era o extremo oposto de sua mãe, para os braços de uma nova-velha mãe.

VII

Alex é um peixe judeu que se sente em casa no oceano gentio, que é onde ele nada e flutua melhor, impelido pelo ódio e pela revolta. É uma alma desarraigada, com as amarras cortadas de todos os lados. É incapaz de deitar raízes no mundo cristão, porque a tribo

---

* *Schikses:* em iídiche, garotas gentias, num sentido um tanto depreciativo.

judaica ainda exerce grande domínio sobre sua alma; mas também é incapaz de voltar ao mundo judaico onde o ar é irrespirável. Naquele contexto o casamento é uma instituição constante e obrigatória pela qual o homem se enquadra no contexto social. Alex não tem talento para este tipo de vínculo visto ter fugido da mãe mas sempre voltar a ela nos momentos críticos. Assim como um crente religioso, ele está sempre fugindo e voltando para ela.

Sob certo aspecto este é um romance de formação contemporâneo descrevendo as passagens de um jovem pelos vários estágios sexuais: da fase anal, pela masturbação, até a primeira experiência heterossexual. O romance passa por ser uma autobiografia usando o sexo para descrever tradições e costumes sociais ou como um romance social que observa as várias situações típicas, com tipos e figuras que compõem a sociedade sob o aspecto da vida sexual. Obviamente, o herói não cumpre as leis do romance de formação na medida em que ele nunca amadurece. Ele não corta as amarras da sua tribo e permanece atolado e bloqueado em seus progressos. Sob o aspecto psicológico, o romance é a história da vida de um jovem neurótico que atribui sua neurose ao judaísmo, na medida em que considera sua mãe como o grande símbolo da comunidade judaica. É um herói judeu americano alienado, lutando em vão para remover a mácula de seu judaísmo.

VIII

Parece-me, todavia, que não podemos derivar os conflitos da personagem de sua psicologia distorcida ou daquela de seu criador. Também não podemos descartar-nos do livro com um encolher de ombros ou com um gesto de desprezo, como o fruto patológico de uma jovem imaginação neurótica. Além disso, o livro é bastante envolvente, escrito num estilo cômico brilhante, apresentando os lados cômicos do narrador, do protagonista e da sociedade onde se inserem. A situação narrativa básica é o divã do psicanalista, ocupado por Alex Portnoy, um intelectual equipado com toda a inteligência de um judeu da costa leste dos Estados Unidos, encharcado de Freud e Kafka, que confessa e analisa suas confissões simultaneamente à medida que fala, observando-se a si mesmo e às suas confissões com um olhar crítico e irônico. As situações sociais são retratadas com uma veia cômica fora do comum e o enredo contém situações humorísticas onde a sátira se alça ao nível da comédia humana. Nem podemos subestimar o poder mimético da obra. Muitas partes revelam grande perspicácia do narrador quanto a situações sociais reais. O protagonista de Roth persegue apenas um aspecto do "sonho americano": desvencilhar-se do gueto espiritual e o anseio pelo "outro lado do rio". Portnoy é muito diferente dos patéticos heróis de Malamud. Roth não justifica seu herói, nem os seus fracassos; ele não é perseguido por um pesadelo gentio mas pela visão assustadora de sua mãe. Ele persegue moças gentias para fugir da mãe. Isolado de ambos os ambientes culturais, ele até que se compraz nessa situação intermediária. Na tentativa de destruir sua personalidade, ele somente consegue revelá-la com mais intensidade. O Portnoy de Roth é um judeu desarraigado que não alcança seus objetivos por meios próprios. Os objetivos oriundos do mundo exterior é que o perseguem e o ponto de partida da obra é revolta e rebelião. Seu herói é o menos heróico de todos os personagens judeus descritos até agora. Roth não apresenta um verdadeiro herói (como Mailer o faz) que repudia as rígidas normas e a moralidade da classe média judaico-americana. Portnoy fica menos liberado destes valores do que Moisés Herzog ou Morris Bober. Estes são vítimas que sobrepujam espiritualmente as pressões neles exercidas pela sociedade, enquanto Portnoy é um doente neurótico confessando seu fracasso no divã do analista. O que parece ser um ataque agressivo aos repressivos valores judaicos que o sufocam, não passa da deprimente confissão de um fracassado. *Complexo de Portnoy* é o testemunho poderoso do enorme poder que a identidade judaica interiorizada tem na vida da jovem geração que se rebela contra ela. Roth escreveu a elegia do eterno prisioneiro de sua tribo.

9. A INTERTEXTUALIDADE EM AGNON E O SEU RELATO SOBRE AS *AGUNOT*

I

"Por amor à nossa linguagem e em adoração da santidade, eu me prosterno diante das palavras da *Torá**, e passo fome, abstendo-me das palavras dos sábios, guardando estas palavras dentro de mim para que aflorem devidamente em meus lábios. Se ainda houvesse o Templo, eu tomaria meu lugar no estrado, junto com meus colegas, os poetas, e repetiria diariamente o canto que os Levitas costumavam entoar no Templo Sagrado. Agora, que o Templo ainda está em ruínas, e não temos sacerdotes exercendo seu sagrado ofício, nem Levitas louvando e cantando, eu me ocupo com a *Torá*, os Profetas e as Escrituras, a *Mischná***, a *Halachá**** e as *Agadot*****, *Tosseftot***** Dikdukei Torá******* e *Dikdukei So-*

---

1. AGNON, S. Y., "Agunot" ("Esposas Abandonadas"), in *Elu VeElu (Estes e Aqueles),* Jerusalém, Schocken, ed. defin. 1953. Há uma tradução brasileira: "Agunot" in *Noivado e Outros Contos,* trad. Rachel de Queiroz, Rio de Janeiro, Biblioteca dos Prêmios Nobel de Literatura, Opera Mundi, 1973.
* *Torá:* em hebraico, ensinamento, lei. Referência ao Pentateuco.
** *Mischná:* em hebraico, título geral da mais antiga codificação da Lei Oral judaica.
*** *Halachá:* em hebraico, referência àquelas partes do Talmude relativas a questões legais.
**** *Agadot:* em hebraico, nome dado àquelas partes do Talmude e do Midrasch contendo exposições homiléticas da Bíblia, lendas, folclore, anedotas ou máximas.
***** *Tosseftot:* em hebraico, coleção de ensinamentos e tradições dos Tanaítas (mestres), intimamente relacionados com a Mischná.
****** *Dikdukei Torá:* em hebraico, estudo da exatidão das alusões existentes na Torá, conforme interpretação dos sábios antigos.

frim*. Quando eu me debruço sobre suas palavras, e vejo que de todos os nossos preciosos tesouros que tínhamos antigamente nada restou a não ser um escasso registro, fico desolado e esta tristeza faz meu coração tremer. Deste tremor eu escrevo minhas fábulas como um homem que foi exilado do palácio de seu pai, que constrói uma pequena cabana para si e lá fica sentado contando da glória da casa de seus ancestrais" [2].

Esta é a expressão poética da atitude fundamental de Schmuel Yossef Agnon para com o relacionamento entre a moderna literatura e os textos antigos [3]. O intertextualismo na obra de Agnon, em suas próprias palavras, não é um simples recurso literário nem um fenômeno inconsciente, mas a fonte de sua criatividade e talvez o seu tema principal. A moderna literatura hebraica, de acordo com Agnon, nada mais é do que um substituto dos textos sagrados. A ausência da literatura sagrada é sua fonte de inspiração. O autor afirma, ademais, que ele se considera o herdeiro dos escribas sagrados cujas obras eram uma criação comunitária e cujo anonimato era a característica fundamental dos textos, e o ocultar da identidade dos autores, uma parte integrante da obra.

Esta herança tem dois aspectos: um positivo e outro negativo. O aspecto positivo é o autor moderno continuar a antiga tradição em sua obra porque ela se tornou parte de sua herança cultural. O aspecto negativo é que o autor moderno só pode continuar o cânon em sua obra a nível lingüístico-cultural, e não no nível de ritual e conteúdo. Ele não pode ser mais o portador real do cânon, mas somente relacionar-se com o mesmo.

Ele não se vê como o transmissor de uma grande linhagem cultural construída, camada após camada, começando com a Bíblia e continuando com a *Mischná*, o *Talmude*** e todas as obras que deles

---

* *Dikdukei Sofrim:* em hebraico, detalhes das leis não explicadas na Torá mas inferidos através da exatidão das Escrituras, a fim de estabelecer uma cerca em torna da Torá.
2. "Husch Hareach" ("O Sentido do Olfato"), in *Elu VeElu,* publicado pela primeira vez em 14-5-37 no jornal *Haaretz.*
3. Sobre a questão da poética, ver meu ensaio, in *Omanut Hassipur schel Agnon,* pp. 13-29.
** *Talmude:* em hebraico, compilação da lei oral. Na parte interpretativa *(guemará)* o Talmude abrange leis e lendas. Há dois Talmudes, o de Jerusalém e o da Babilônia.

se originam. Considera-se, porém, como pertencendo a uma cultura diferente, que herdou uma tradição multitextual, que ele não consegue mais levar adiante. Esta cultura relaciona-se com os textos e, devido ao novo contexto social, torna-os reais por meio de "fábulas". O sentido das fábulas não é o das fábulas sagradas que os justos de cada geração costumavam contar, mas as fábulas leigas onde se ouvem somente os ecos do cânon. De qualquer forma, o escritor vê seu trabalho como o substituto secular (uma "cabana", conforme sua metáfora) em vez da tradição sagrada (o "palácio" de acordo com sua alegoria). Devemos manter esta conexão interna e externa em mente no estudo das obras de Agnon em geral, e em particular em relação à obra da qual trataremos a seguir.

II

A obra de Agnon é baseada, em maior grau do que a de qualquer outro escritor da literatura hebraica, em conexões intertextuais [4]. Ele concebe um destinário ideal para quem esta tradição é parte de sua herança cultural, um leitor que sabe discernir a relação entre a "fábula" e o texto sagrado. Nem por isso o leitor implícito de Agnon é o leitor ingênuo próximo às tradições e capaz de reconhecê-las, mas é um leitor habilitado, assim como o próprio autor, a distinguir entre elas, criando oposições entre o texto explícito e o subtexto. Somente aquele que não lê o texto como um elo na corrente da tradição sagrada, mas como um antitexto a esta literatura tradicional, é capaz de compreender sua obra.

O texto também será mal-entendido ainda por dois diferentes tipos de destinatários: aqueles completamente ignorantes da tradição sagrada a que o autor se refere e aqueles que lêem o texto como um elo na corrente da tradição dos textos sagrados. A segunda possibilidade também existe, porque o autor escreveu um grande número de obras que "parecem" textos sagrados, ou uma espécie de textos apó-

---

4. Muito autores têm abordado a questão da intertextualidade nas obras de Agnon, seja usando este título ou outro. Vide o trabalho de WEISS, H., *Agunot, Mekorot, Mivnim, Maschmauyot (Agunot, Fontes, Estruturas, Significados)*. Tel Aviv, Everyman's University, 1979.

crifos, "quase santificados", onde o autor, usando de vários recursos, parece estar insinuando ser o texto um elo na corrente desta herança. Ele usa este tipo de recurso em suas duas primeiras obras mais importantes escritas na Palestina, *Agunot*, publicado originalmente em 1908 e *E o Torto Será Endireitado*.

Ele prefacia *Agunot* com uma espécie de pseudo*midrasch** ou "meta*midrasch*" da verdadeira narrativa. Em *E o Torto Será Endireitado*, ele prefacia cada capítulo com citações da literatura tradicional e estrutura a narrativa como um todo, pela introdução, o estilo e as narrativas inseridas, no esquema dos "contos dos *crentes*", nome dado aos contos religiosos e morais que tratam da reverência ao poder divino e da profunda fé religiosa. A mesma técnica literária também será usada em obras posteriores.

Quer suas obras contenham somente alusões sugerindo textos sagrados, ou quer sejam realmente escritas como se fossem quase santificadas, sua criatividade se origina da constante tensão intertextual entre o seu próprio texto e a tradição literária sagrada ou quase sagrada, se tomarmos em consideração a literatura religiosa posterior. Para explicar as tensões intertextuais na obra de Agnon, voltamo-nos para seu primeiro conto *Agunot*, que determinou, de um modo ou de outro, o desenvolvimento literário subseqüente de Agnon, tanto no nível temático quanto no estilístico e estrutural.

III

Agunot, de Schmuel Yossef Czaczkes, foi o primeiro conto publicado pelo jovem escritor na Palestina, para onde ele imigrou em 1908. Apareceu num dos periódicos da Segunda Aliyá*, *HaOmer*, vol. II, n. 1, 1908. Antes de qualquer discussão a respeito do próprio conto, é preciso fazer uma observação que não se relaciona necessariamente ao assunto de modo direto, mas indiretamente. O autor transformou parte do título da história em seu pseudônimo

---

* *Midrasch:* em hebraico, coleção de interpretações rabínicas das Escrituras.
** *Segunda Aliyá:* segunda onda imigratória para Israel; durou de 1904 a 1914.

e seu sobrenome. Este é um ato simbólico significativo que não tem paralelo na literatura hebraica, ao menos pelo meu conhecimento. Há escritores como Schalom Yaacov Abramovitch, por exemplo, que assumiram o nome de seus heróis (Mendele Mocher Sefarim) como pseudônimo, aludindo a uma espécie de identidade entre o herói imaginário e o criador literário. O mesmo pode ser dito a respeito de Schalom Rabinovitch — Scholem Aleichem — que também se identificou com um famoso "contador de histórias" que aparece como personagem em vários de seus contos. Agnon, no meu conhecimento, é o único que se identificou com o nome de um conto, a tal ponto, que temos um prolongamento da ficção na realidade. A narrativa fictícia tornou-se uma espécie de *perusch** da experiência poética e existencial do autor como se este declarasse, por meio do título, que a história em questão identifica algum conflito básico e existencial entre o contador e o contado. Além disto, esta identidade entre Agnon, o autor do conto que aparece pela primeira vez sob este nome, e *Agunot*, o conto, cria um vínculo e estreita a ligação entre os dois elementos. O conto é uma espécie de *midrasch* sobre o nome do autor. O escritor interpreta e explora sua vida por meio do conto.

Tomar o nome do feito ou o feito do nome é uma técnica bem conhecida em literatura bíblica: "E José chamou seu primogênito de Menassés**, pois Deus, disse ele, me fez esquecer minhas fadigas e a minha casa paterna. E ao segundo chamou Efraim, pois Deus me fez fecundo na terra de minhas aflições" (Gênesis, 41, 51-52). O jogo de palavras é sobre *Menasche* e *naschani* (me fez esquecer) e *Efraim* e *hifrani* (me fez fecundo). Os dois nomes são usados para resumir dois acontecimentos ocorridos com o pai da família. O nome é um signo ou um símbolo de fato. Agnon continua a tradição que existe na antiga literatura ao relacionar o título de seu conto consigo mesmo, e declara implicitamente que sua vida é um comentário ao conto, assim como o conto comenta a sua vida. Este é um relacionamento comum entre o que parece ser uma experiência lendária ou fictícia e a verdadeira identidade de uma pessoa que está ao mesmo tempo dentro e fora da ficção. É como se o autor, por sua assinatura, identificasse o texto como pertencendo somente a ela e a mais ninguém.

---

* *Perusch:* em hebraico, comentário, interpretação.
** *Menassés:* em hebraico, Menasche.

IV

Este fenômeno é secundário, como veremos na discussão a seguir, mas tem importantes conseqüências para a compreensão dos assuntos que estamos para examinar.

A questão mais importante para nosso estudo é a conexão entre a introdução de *Agunot* e entre o que o "autor" — é como ele se refere a si mesmo na narrativa — chama "a fábula" ou "a grande e terrível história da Terra Santa". A parte introdutória, considerada sob o aspecto da literatura judaica, é construída no mesmo esquema de numerosas narrativas hassídicas que abrem com uma citação das Escrituras, geralmente fazendo alusão à obra do santo Ari [5]. Sua obra foi deixada em manuscritos e os extratos da mesma eram citados em livros hassídicos como se fossem o original, embora sendo muitas vezes citações imaginárias. Em livros hassídicos, portanto, acham-se algumas vezes, pseudocitações de obras de Ari. Agnon, em seu relato, continua a forma da pseudocitação, apoiando sua fábula com palavras que têm um *status* santificado, quase sacrossanto. A santa autoridade destas palavras estende-se para dentro da fábula. A fábula é uma espécie de glosa de citação imaginária. A citação, todavia, não é inteiramente imaginária; é imaginária como um todo, mas semelhante a outras citações em suas partes. É uma genuína pseudocitação porque é possível localizá-la e compreendê-la como uma citação autêntica, já que o leitor ingênuo poderia aceitá-la como genuína. É aparentemente um texto da literatura sagrada, com todas as características de textos similares, embora na realidade ele não exista. Pode dizer-se, de outro ponto de vista, que o autor implícito segue as pegadas de autores anteriores da literatura sagrada, e assim como eles, também Agnon apoiou-se no Cântico dos Cânticos e no *Midrasch* sobre o mesmo. E assim como seus antecessores interpretaram o *Midrasch* e lhe deram um significado místico, também ele o faz.

Nesta parte introdutória, portanto, o autor implícito continua a criação *midráschica* e o leitor, ao começar a leitura, fica propenso a imaginar que esta não é uma obra leiga, de um autor leigo, mas

---

[5]. Sigla de Rabino Isaac, filho de Solomon Luria, 1534-1572, chefe da comunidade cabalística de Safed.

uma obra religiosa onde o autor implícito continua a criação *midráschica* de gerações anteriores. Estamos, no entanto, diante de um autor leigo que "finge" escrever literatura sagrada que serve ao propósito de uma história leiga que, por sua vez, por ter uma aparente relação com aquela literatura, assume um significado "santo" ou "santificado". A introdução cria um significado ambíguo onde o leigo e o sagrado estão entrelaçados e não sabemos se o sagrado santifica o leigo ou se o leigo santifica o sagrado, ou se o problema do leigo e do sagrado constituem, talvez, o tema central do conto.

A parte inicial exemplifica um certo estágio do desenvolvimento do conto *midráschico*. Neste estágio, o comentador *midráschico* cria uma imagem que estabelece uma conexão significativa entre uma personagem metafórica ou simbólica que representa o povo judaico e uma imagem antropomórfica do Santo-Bendito-Seja-Ele. Estas conexões são a expressão metafórica ou simbólica das relações entre o povo e seu Deus. De acordo com um certo ponto de vista místico (a cabala luriânica, por exemplo), há uma reciprocidade entre os atos do povo e os atos do Santo-Bendito-Seja-Ele.

O *Midrasch* criado por Agnon é ele mesmo uma interpretação *midráschica* do alegórico *Midrasch* do Cântico dos Cânticos, abrangendo ainda outros elementos aos quais nos referimos, na medida em que se relacionem com o nosso assunto. Na parte inicial aparecem as seguintes frases do *Cântico dos Cânticos:* "Como és formosa, amada minha, como és formosa!" (*Cântico dos Cânticos* 4:1); "Bateram-me, feriram-me... tiraram-me o meu manto" (*Cântico dos Cânticos,* 5:7); "Eu abri ao meu amado, mas ele tinha-se retirado e tinha ido embora" (*Cântico dos Cânticos,* 5:6); "Desfaleci de amor" (*Cântico dos Cânticos,* 5:8).

As citações do *Cântico dos Cânticos* não aparecem somente no início, mas também no corpo do conto. Se na introdução os versículos aparecem com seu significado literal, de primeiro nível, e tornam-se parte da estrutura alegórica, em outras partes da narrativa eles estão carregados de significado ambíguo. De um lado, assim como toda a fábula, descem do nível alegórico ao literal, mas por outro, atraem o sentido metafórico e alegórico que tinham na introdução, para dentro do corpo do conto. (Refiro-me a versos como: "O meu amado desceu ao jardim", implícito em *Agunot,* ou "Já chegou o tempo de cantarem as aves", ou ainda "Eu estava dormindo mas o meu coração vigiava").

Estes versículos e frases semelhantes são os elementos centrais da vinculação intertextual. O texto alegórico, as partes introdutórias, em seus vários significados, retornam e são ativados no corpo da fábula porque estes versículos e frases que concretizam os versos bíblicos, sugerem o duplo relacionamento do texto, de um lado com o contexto mais próximo (o assim chamado leigo) e, de outro, com o contexto mais remoto (a introdução) [6]. O contexto mais remoto estabelece o relacionamento entre o contexto próximo e a literatura tradicional de gerações passadas, e também relaciona os sentidos alegórico e simbólico acumulados no decorrer de gerações com a repetida concretização literal do nível metafórico-alegórico da introdução.

A introdução, obviamente, não permanece no nível literal do *Cântico dos Cânticos*, mas relacionada ao *Midrasch* do *Cântico dos Cânticos*, que compara o povo de Israel à "amada" e o Santo-Bendito-Seja-Ele, ao "amado". Uma vez estabelecidas estas relações alegóricas básicas, o *Midrasch* tenta interpretar outros elementos do cântico amoroso à luz da hipótese alegórica fundamental. Deste modo, por exemplo, "Eis que tu és bela minha amada, eis que tu és bela", lembra o *Midrasch:* "Eis que tu és bela de preceitos, eis que tu és bela de atos de bondade, eis que tu és bela de preceitos positivos, eis que tu és bela de preceitos negativos; eis que tu és bela nos deveres religiosos da casa, com a *halá**, a *terumá*** e dízimos; eis que tu és bela nos deveres religiosos do campo, da respiga, do feixe esquecido, dos cantos etc." (*Midrasch, Cântico dos Cânticos,* IV, 1). Outro exemplo: "Eu vos imploro, ó filhas de Jerusalém... o que lhes contareis? Que estou doente de amor. Assim como um doente anseia por cura, assim a geração do Egito ansiava por libertação" (*Midrasch, Cântico dos Cânticos,* V, 8). Estes *midraschim**** não aparecem em sua forma original no texto mas estão implícitos nele. O texto carrega esta carga como um "aparte" mas contém um

---

6. Faço uso do termo intertextualidade conforme proposto por Jonathan Culler, citando Lourent Jenny: "Ele propõe distinguir intertextualidade das 'alusões simples e reminiscência': neste último caso um texto repete um elemento de um texto anterior sem usar o seu sentido; no primeiro, ela alude ou transfere uma estrutura inteira, um padrão de forma e sentido de um texto anterior". CULLER, J., "Presupposition and Intertextuality", *The Pursuit of Signs,* London, 1981, p. 104.

* *Halá:* em hebraico, pão branco.
** *Terumá:* em hebraico, oferenda.
*** *Midraschim:* em hebraico, plural de *Midrasch.*

número de outros elementos fundamentais que devem ser examinados. O importante na parte introdutória não é somente o *midrasch* alegórico que identifica as relações entre um homem e uma mulher com as relações entre o Senhor da Criação e o Povo de Israel, e além disso liga os atos do povo judeu e os atos do Santo-Bendito-Seja-Ele, mas vários outros detalhes que apontam para vários outros textos sagrados. Estes textos, todos em conjunto e cada um em separado, criam a ilusão de um pseudo*midrasch* que faz alusão à literatura sagrada. Assim, por exemplo, a expressão "um fio de graça" não é encontrada nos textos tradicionais (o quanto eu pude examinar a questão) em oposição a "um fio de misericórdia" que é repetido em vários contextos. Por exemplo, em *Haguiyá*, 12b*: *"Olha do céu, e vêde Tua santa e gloriosa habitação". Maon*** é lá onde está a multidão dos anjos que balbuciam cânticos à noite e ficam em silêncio durante o dia, por amor à glória de Israel porque é dito *"De dia o Senhor ordena a Sua bondade, e de noite Seu cântico está comigo".*

Resch Lakish*** disse: "Aquele que se ocupa com o estudo da *Torá* à noite, o Santo-Bendito-Seja-Ele estende sobre ele um cordão de bondade ('um fio de misericórdia') de dia, porque é dito: *'De dia o Senhor outorga Sua bondade, pois de noite o Seu cântico está comigo'* ". E há alguns que dizem: "Resch Lakish disse: 'Aquele que se ocupa com o estudo da *Torá* neste mundo que é como a noite, o Santo-Bendito-Seja-Ele o protegerá com um cordão de bondade no mundo a vir, que é como o dia, porque é dito: *'De dia o Senhor outorga Sua bondade pois de noite o Seu cântico está comigo'* ".

Os temas do xale de oração, dos ornamentos e da trama, na imagem concreta do xale de oração que é tecido das boas ações do povo de Israel pelo Santo-Bendito-Seja-Ele para a congregação do povo de Israel, também encontrado sob várias formas nas fontes. O motivo do "manto da *Schechiná*", por exemplo, aparece no *Zohar***** III *Schelach Lecha*, 163, página b, "Quando a Schechiná está no azul-claro, ela confecciona para si um manto externo do mesmo azul--claro que era encontrado no Santuário etc." Em versões anteriores e posteriores, como por exemplo aquela do *Livro do Consolo* pelo

---

* *Haguiyá:* em hebraico, denominação de um tratado talmúdico.
** *Maon:* em hebraico, habitação.
*** *Resch Lakish:* sábio que viveu no século III.
**** *Zohar:* em hebraico, esplendor; nome do comentário místico ao Pentateuco.

rabino do século X Nissim de Kairouan, ou aquela do livro cabalístico de moral *Schevet Mussar* pelo Rabino Elischa, filho de Solomon Hacohen de Esmirna (1720), as boas ações são comparadas a vestimentas que a alma nua recebe como prêmio pelo cumprimento dos mandamentos e outros atos meritórios: "Preciosa é a luz e a vestimenta das alturas celestiais criada pela luz da Torá e o desempenho dos mandamentos, pois por causa dos mandamentos, são tecidas as preciosas vestes espirituais, iluminando o corpo do céu com sua claridade; a alma, deixando a terra nua de vestes corporais, pairando envergonhada, vendo-se nua, cobre-se imediatamente com estas vestes claras que dão luz, uma vestimenta que ela se fez no mundo da carne, pela *Torá* e pelos mandamentos, e regozija-se vendo-se com as vestimentas do Reino etc.".

E assim, poderíamos apresentar uma longa lista de várias fontes que provariam que este pseudo*midrasch* é construído a partir de material autêntico. Conceitos tais como "graça e misericórdia", a "Congregação de Israel", "na juventude em casa de seu Pai", "o Templo de seu soberano e a cidade da soberania", "não ser conspurcado nem maculado", "o poder e a glória e a exaltação", "o xale de oração está avariado", "sopram maus espíritos", "eles sabem que estão nus", "caminhando e gemendo", "gritos e gemidos", "da negra melancolia a Misericórdia nos guarde!", todos estes são conceitos carregados, que têm diferentes sentidos em diferentes camadas da literatura sagrada, desde a literatura do *Midrasch* até a posterior literatura mística hassídica. Não há necessidade de examinar cada um dos conceitos, nem de fazer uma análise detalhada de todo o conjunto. Todo o texto insinua uma reciprocidade entre o divino e o secular, entre a Congregação de Israel e a *Schechiná* (ou as esferas celestes) e o Santo-Bendito-Seja-Ele. Enquanto a correnteza de baixo fluir (a correnteza dos mandamentos e das boas ações), a correnteza de cima também fluirá (o teste da imanência) e haverá harmonia (a harmonia que a Congregação como um todo e cada indivíduo em particular sentirem). Se esta correnteza for bloqueada (geralmente por causa de um evento no mundo de baixo, o mundo da carne) ocorre uma paralisação da correnteza. A harmonia (que é erótica e cósmica ao mesmo tempo) é rompida e há uma espécie de "queda" no mundo inferior, que não será reparada até que, por um milagre, a harmonia seja restabelecida.

Esta harmonia que se torna desarmonia tem muitas conseqüências: na área das relações pessoais (uniões que se transformam em separações); na área das Esferas (alienação das Esferas masculinas da Esfera do Reino que é *Schechiná,* aumento nos Julgamentos e na força da área do diabo); e na área das relações entre o povo e seu Deus (o Exílio vence a Redenção, sendo o Exílio um dos sinais de separação desarmoniosa enquanto a Redenção é um dos sinais de salvação harmoniosa).

Alguns destes significados vêm expressos em citações (as boas ações conduzem à unificação da Criação, para satisfação do Criador; o tecer das vestes que envolvem a alma em boas ações); outros acham-se no patrimônio dos significados conhecidos por todo leitor ideal treinado e familiarizado com esta literatura. A introdução pseudo*midráschica,* portanto, é uma espécie de estágio no desenvolvimento de um texto sagrado. É a metanarrativa de um drama cósmico contendo claramente os elementos de uma tragédia cósmica: um estado de harmonia originado nas relações recíprocas dos dois heróis do drama, o Santo-Bendito-Seja-Ele e a Congregação de Israel, ou a Esfera da Glória e da Majestade e a Esfera do Reino; e a destruição deste estado de harmonia por um fator negativo — a Queda — e os anseios pela restauração do estado original, as saudades românticas pela perfeição perdida. Este é um drama cósmico configurado por alusões intertextuais e alegorias. Uma espécie de metadrama calcado sobre todo drama real, o intercâmbio entre um estado humano e um estado cósmico, onde a condição humana está sempre e continuamente realizando a condição cósmica.

Em outras palavras, podemos descrever este metadrama como o paradigma de todo e qualquer drama articulado como sintagma pelo meta-autor; ou então, o sintagma nada mais é que a recorrente concretização do paradigma. Cada exemplo concreto deste padrão não é uma ocorrência insólita, mas um capítulo repetitivo que se renova na vida do homem. Um exemplo do que estamos tratando são os conhecidos paradigmas da tragédia ou do "auto" de Northrop Frye, fundamentos de todas as formas básicas de qualquer tipo de criação fictícia, pois toda criação não passa da concretização recorrente, embora única, destas formas básicas. A literatura é compreendida como a realização de um plano cósmico que, em si, é o modelo literário representando o processo implícito por uma espécie de recorrência regular do tipo considerado por Frye como mito, ou a espécie de recorrência associada ao ritual vinculado aos processos básicos da existência humana como as estações do ano etc.⁷. De certa forma, Agnon aceita as premissas básicas da literatura sagrada, de que há regras permanentes e conhecidas no drama cósmico: o estranho jogo entre "tudo é pré-ordenado" e "somos livres para optar". O processo cósmico é realizado nas ações humanas, assim como toda ação humana é uma expressão do processo cósmico. A relação intertextual entre o texto introdutório e o texto resultante é uma expressão da reciprocidade entre estes dois processos

V

Os elementos semânticos que indicam as vinculações intertextuais com a literatura sagrada não estão só patentes na introdução, mas atravessam todo o conto; alguns são desenvolvidos em motivos e outros subsistem sozinhos e, à luz da introdução, ficam abertos a interpretações alegóricas e simbólicas com base no significado destas combinações nas fontes ou, poderíamos dizer, nas diferentes camadas das fontes. Várias interpretações do texto serão baseadas nas diferentes vinculações intertextuais e explicarão pontos centrais significativos. Frases "carregadas", reaparecendo em todo o texto, explicarão o relacionamento entre estes pontos significativos e o texto de abertura, de diferentes modos. Visto as alternativas para explicação destes pontos importantes serem múltiplas, o texto está amplamente aberto a variadas interpretações [8]. A polissemia de várias unidades textuais aponta para uma variedade de contextos culturais completos, como por exemplo, a *Bíblia*, o *Midrasch*, o *Talmude*, o *Zohar*, a *Cabala*,

---

7. FRYE, Northrop, *Anatomy of Criticism*, New Jersey, Princeton, 1957, pp. 212-214. Edição brasileira: *Anatomia da Crítica*, trad. Péricles Eugênio da Silva Ramos, São Paulo, Cultrix, 1973.
8. Assim podemos explicar duas interpretações diferentes tais como as apresentadas por Isaac Bacon e Arna Golan. Isaac Bacon associa o conto aos problemas do artista e baseia-se principalmente na questão da conexão entre "graça e misericórdia", arte e amor, usando *midraschim* que apoiam esta interpretação. Arna Golan associa este conto com o fracasso da *Segunda Aliá* (Ben Uri) que construiu o santuário (o lugar) antes da Arca (valores judaicos). Ela utiliza diversos *midraschim* sobre a "Arca da Aliança" e sobre o caráter de

o *Ari*, os *Livros de Moralidade*, os *Livros Hassídicos*. A escolha de um texto específico como texto-base a ser usado como explicação leva a um tipo de interpretação que não elimina necessariamente um outro modo de interpretação que se baseia em outro texto implícito. Exemplos de tais combinações: "a ante-sala e a mansão da Glória"; "a harpa de David"; "mas todo este orgulho era interno"; "o jardim"; "o malvado interveio"; "uma grande mansão"; "um vestíbulo de oração"; "a Arca" (um motivo mais amplo); "nenhuma parte dele era livre"; "um vaso oco, vazio"; "no seu leito à noite"; "o círio"; "como uma lira de cordas emprestadas"; "o Guardião da Noite"; "triste melancolia"; "quando um homem toma uma esposa todos os seus pecados desaparecem" (*Yevamot*, 63,2); "uma espécie de tristeza"; "nenhum se aproximou do outro toda a noite"; "sua alma chora em segredo por seu orgulho"; "Aos eleitos julgados dignos é dado o privilégio de tomar seu lugar na Terra Santa, no tempo de suas vidas etc."; "quando um homem rejeita sua primeira esposa, o próprio altar chora, mas aqui o altar derramou lágrimas mesmo quando ele a desposou" (uma nova interpretação de *Guitin*, 90-1, *Sanhedrin* 22/1); "alugar suas vestes"; "perguntou o significado de seu sonho"; "Por que tu me expulsaste para que eu não me agarre à minha porção no Reino?"; "a maldição do exílio"; "sua estadia no mundo da confusão"; "Navegando no Grande Mar sobre um lenço vermelho, com uma criança nos braços".

Esta é apenas uma pequena seleção das muitas frases carregadas de simbologia no texto, cada uma delas com vários significados. Algumas têm uma história semântica inserida na história da cultura e da religião; a intervenção do diabo na história de Jó não é a mesma que a intervenção do diabo na literatura cabalística ou nas obras hassídicas posteriores, e assim por diante.

Dina (como a filha da tribo de Dan) e sobre o caráter de Ben Uri (a tribo de Judá) que poderiam vir a ser os pais do Messias. As relações intertextuais, algumas delas aceitáveis e outras nem tanto, dão origem às interpretações destes dois críticos. GOLAN, A., "Hassipuir 'Agunot' Vehaaliyá Hachniyá" ("O Conto 'Agunot' e a Segunda Aliyá"), in *Moznaim* 32, III, 1971, pp. 215-223. BACON, I., "Al 'Agunot' le Schai Agnon" ("A Respeito de 'Agunot' de Schai Agnon"), in *Moznaim* 46, III, 1978, pp. 167-179. Ver também o artigo mencionado na nota 4.

* *Yevamot, Guitin, Sanhedrin*: em hebraico, nomes de tratados talmúdicos.

Esta rede de frases transforma todo o campo textual em intertextual por gerar sistemas inteiros que, neste caso, não podem ser ignorados. A introdução implica haver uma vinculação entre os vários campos culturais e alegóricos e o texto funciona, conforme já dissemos, como uma espécie de sintagma que retorna para uma situação paradigmática. A narrativa, portanto, não é somente a história de Ben Uri, Dina, Ezequiel e Freidele, porque estas personagens estão ligadas ao drama sagrado da harmonia e desarmonia, redenção e exílio, unidade e dispersão, inocência e queda.

VI

Podemos agora olhar para o texto de um outro ponto de vista não menos importante do que o da vinculação entre a introdução e a própria narrativa, ou o significado da parte inicial como uma pseudo-história sagrada. A intertextualidade desta narrativa é criada não só por seu relacionamento com o paradigma do drama cósmico, ou com este ou aquele campo semântico ao qual aponta, mas também pelo relacionamento do texto com um mito implícito, um texto oculto mas implícito no texto aberto. Se estudarmos "o conto em si", nossa atenção é chamada à concretização do título *Agunot. Aguná* é definido na *Halachá* como uma mulher casada, separada de seu marido, que não pode receber o divórcio, porque não se sabe se ele está vivo ou não. O autor não usa o significado *haláchico* literal deste termo. Os quatro possíveis casais da história, ou não se casam ou casam e divorciam-se de acordo com a *Halachá*. Em outras palavras, não há casos claros de *aguinut* nesta narrativa. Ben Uri não se casa com Dina; Ezequiel não se casa com Freidele; Freidele casa-se com um homem na distante Diáspora; Ezequiel e Dina casam-se e divorciam-se. O conceito de *aguná*, portanto, não se aplica como um termo *haláchico,* mas como um termo emocional. Não é a lei que determina o acasalamento, mas sim, as emoções. A desarmonia do estado de *aguinut* é criado pela lei, pelos costumes, pela ordem humana. A harmonia poderia ter sido estabelecida se cada um dos participantes tivesse encontrado seu verdadeiro parceiro. Se Dina tivesse se casado com Ben Uri e Freidele com Ezequiel, tudo teria saído bem.

A fábula apresenta, portanto, o distúrbio criado pela união inadequada. O rabino, por causa disso, tem de ser exilado por seu envolvimento com estas uniões, e a antinomia mais importante, enfatizada pela estrutura, é o conflito entre o casamento autêntico e aquele arranjado pela sociedade.

Voltando, portanto, do conto propriamente dito à parte introdutória (do sintagma ao paradigma), fica aparente que a ordem cósmica foi perturbada por causa da perturbação da ordem emocional. O paradoxo, obviamente, é que se criou um conflito esclarecedor entre a ordem dos matrimônios organizados pela comunidade de acordo com seus costumes e leis, e uma ordem de uniões cósmicas que está, ao que parece, em oposição a estas leis. O sistema de casamentos na comunidade conforma-se às normas ditadas pela mesma, em que a filha de um rico dignatário casa-se com um *talmidhacham*, um estudioso, e não um artesão. Um ofício honra a quem o pratica mas, por direito, o príncipe — alguém inteiramente dedicado ao estudo da Torá — fica com a princesa, de acordo com as leis da sociedade.

O sistema de casamentos na comunidade aparece a nível do próprio conto, e é aceito conforme as normas sociais da comunidade. Portanto, são as leis e os costumes geralmente aceitos na comunidade que causam o ápice da trágica mudança na ordem cósmica (que também é a ordem da redenção). O "acasalamento" correto não é sujeito às leis da comunidade, mas está em conflito com as mesmas. Agnon, o autor, alega haver uma oposição inerente entre as duas formas de união: o conflito se instaura entre a tradição judaica em sua forma social e um sistema derivado das profundezas desta mesma tradição.

O "conto em si" engloba mais três conflitos principais: entre a Diáspora e a Terra de Israel; entre Exílio e Redenção; entre Vida e Arte. Estes conflitos estão ligados, antes de tudo, à representação simbólica das personagens que não têm *status* literário independente. Cada uma delas representa um círculo maior de significados. Assim como Agnon usa a técnica do nome como símbolo para atribuir-se a si mesmo um nome de família, assim ele também usa a técnica do nomear simbólico para ampliar o significado das personagens individuais neste e em muitos outros contos⁹. Todo estudioso da narrativa achará uma conexão entre Ben Uri e o Bezalel Ben Uri da Bíblia, construtor da Arca Sagrada, que é uma espécie de arquétipo do artesão em Israel. O nome de Ezequiel é associado ao Profeta do Exílio. "Mas Rabi Ezequiel? Seus pés estão plantados nos portões de Jerusalém e no seu solo, mas seus olhos e seu coração estão empenhados em casas de estudo e de oração na Diáspora, e mesmo agora, ao caminhar pelos montes de Jerusalém, ele se imagina entre os estudiosos de sua cidade, passeando nos campos, gozando o ar do entardecer." O nome de Dina é ligado, de um modo ou de outro, ao tema da frivolidade entre homem e mulher (a história de Dina e Schechem, o filho de Hamor) e o *Midrasch* tem muitas homilias sobre o assunto do recato em relação a seu nome. ("E Dina, filha de Lea, de quem está escrito 'Toda esplêndida está a filha do rei dentro do palácio'" (*Salmos* 45,13); "E Dina, a filha de Lea, saiu; ela não era a filha de Jacob. A filha de Lea: assim está escrito a respeito de sua mãe, que ela é uma errante, assim também ela é errante etc." (*Midrasch Tan'huma Vayishlach*, 5-7). O nome de Freidele não é ligado a nenhum significado específico de sua figura, mas o seu nome iídiche, no diminutivo, associa-a inquestionavelmente com a diáspora.

A relação entre Ben Uri e Dina (e é Dina quem toma a iniciativa) sugere a possibilidade de um relacionamento que envolve a construção do santuário e da Arca na Terra de Israel. Ben Uri é nativo da Terra, construtor da Arca que poderá trazer o estabelecimento do Ilustre Ahiezer na Terra Santa. O Ilustre Ahiezer veio da Diáspora para morar em Israel e fortificar o estudo e as obras pias.

O fracasso da união de Dina e Ezequiel, a quem o Ilustre Ahiezer havia escolhido para noivo, também é o fracasso de sua redenção, e o fracasso da volta a Sião, assim como a volta de Ezequiel à Terra de Israel é o fracasso de sua união conjugal e seu fracasso como estudioso, porque os discípulos não mais o procuram. De um lado, ocorre um estranho tipo de mito órfico: Ben Uri atrai Dina com sua

---

9. Esta técnica atinge o seu auge nos contos "Ido e Einam" e "Para Sempre" ("Ad Olam") nos quais Agnon utiliza as primeiras letras do seu sobrenome, *ayin* e *guimel* para indicar que as personagens são parte de sua personalidade. Em *E o Torto Será Endireitado* ele usa esta técnica nas personagens Menasche, Haim e Kreindel Charny (Coroa Preta). Os contos "Ido e Einam" e "Para Sempre" estão traduzidos para o português em *Novelas de Jerusalém*, São Paulo Perspectiva, 1967, pp. 331 a 400.

música e seu canto, e ela repete as melodias mesmo depois de ele a ter abandonado. Ben Uri não é Orfeu, mas uma espécie de Pigmalião que se apaixona por sua obra de arte e por causa de seu trabalho esquece a mulher que ele atraiu com sua música e que foi a fonte de inspiração de sua obra. A experiência apolínea vence a experiência órfica. A Arca que é uma metáfora da figura feminina (de acordo com o *Midrasch* do Cântico dos Cânticos IV,4 e XII: "É por intermédio de quem ele deu a Torá, por seus dois seios — que são Moisés e Arão" e "as duas Tábuas da Aliança" etc.) torna-se uma metáfora invertida. Em vez de a mulher ser comparada à Arca da Lei, a Arca é comparada à mulher ("Com o que pode ser comparada a Arca naquele momento? A uma mulher que levanta suas mãos em oração, enquanto seus seios — as Tábuas da Aliança — erguem-se com seu coração implorando ao Pai nos céus").

A analogia entre Dina e a Arca aparece em toda a narrativa. Assim, fala-se de Dina: "As pombas voavam sobre ela no crepúsculo murmurando-lhe palavras de amor e protegendo-a com suas asas, como querubins dourados na Arca do Santuário"; e fala-se da Arca: "Nas cortinas que cobriam as portas da Arca pousavam águias com as asas abertas, para lançarem-se sobre os animais" etc. Os dois elementos existem lado a lado, e Ben Uri impregna a Arca de espírito até que Dina faz a Arca ficar como "um corpo sem alma", e ela mesma torna-se "uma alma imaculada lançada no exílio".

Ocorre uma troca trágica: Ben Uri é unido com a Arca em vez da companheira que lhe fora destinada; trágica porque faz Dina ofender a Arca como se esta fosse uma mulher rival. A trágica troca acarreta como conseqüência o Santuário não ser construído corretamente e os sábios da Diáspora não se estabelecerem na Terra de Israel, o que distancia mais ainda a época da redenção.

Concluindo, no "conto em si", há conexão entre as uniões não realizadas, as personagens que não se radicam na Terra de Israel, a redenção que foi protelada, e a falha da realização humana na figura de Ben Uri que, por causa de seu trabalho, não se dedica a um eventual relacionamento humano que poderia ter trazido harmonia ao mundo. O fracasso de relacionamentos possivelmente harmoniosos não permite à comunidade realizar seus objetivos sociais e nacionais. A compreensão da relação entre o nível pessoal-existencial e o social pela reciprocidade entre a fábula e os elementos intertextuais no conto, encaminha-nos de volta ao significado da narrativa introdutória. A "obstrução" no paradigma do drama da "queda" que acarreta a desarmonia cósmica, também causa desarmonia social e atraso na redenção nacional.

VII

É necessário mencionar tudo isso porque, subjacente à narrativa introdutória e à fábula, há um texto que, embora não apareça abertamente, está implícito tanto na narrativa introdutória que determina um paradigma para toda a tragédia humana, quanto no conto que concretiza esta tragédia, e também no epílogo que, mais uma vez, introduz o elemento supra-real na história, criando a ligação entre os diferentes elementos do texto. Em vários comentários *midráschicos* achamos o motivo da união perfeita, à semelhança do *Symposium* de Platão. Assim, por exemplo, a conhecida parábola de *Genesis Rabá*, cap. 8: "Rabi Jeremias, filho de Eleazar, disse: 'Na hora em que o Santo-Bendito-Seja-Ele criou o primeiro homem, Ele o criou andrógino, e está escrito 'macho e fêmea Ele os criou'. Rabi Samuel, filho de Nachman, disse: 'Na hora em que o Santo-Bendito-Seja-Ele criou o primeiro homem, Ele o criou com dois rostos, serrou-o ao meio e o fez com duas costas, uma olhando numa direção e uma em outra' ". E na continuação do mesmo capítulo: "Ele disse: 'No passado, Adão (homem) foi criado da terra e Eva foi criada de Adão. Daqui por diante é dito: 'à nossa imagem e à nossa semelhança'. Não há homem sem mulher, não há mulher sem homem. E ambos não existem sem a *Schechiná*". E no capítulo 68: "Uma matrona perguntou ao Rabi Jacob, filho de Halafta: 'Em quantos dias o Santo-Bendito-Seja-Ele criou o mundo?' Ele lhe falou: 'Em seis dias, assim como está escrito' (*Êxodus* 31). 'Pois em seis dias fez o Senhor o céu e a terra.' Ela lhe disse: 'O que fez Ele daquele dia até hoje?' Ele lhe respondeu: 'O Santo-Bendito-Seja-Ele está sentado fazendo matrimônios, a filha deste homem com aquele homem. A mulher daquele homem com este homem etc.' ".

As palavras dos Sábios têm um desenvolvimento místico em *midraschim* posteriores. De muitos modos as palavras do *Zohar* nada mais são do que uma reinterpretação: um texto baseado no texto das palavras dos Sábios. É a expansão mística do *Midrasch* acima que confere às relações entre homem e mulher um significado cósmico. A citação a seguir é do *Zohar*, Parte I, cap. 5, na tradução hebraica reeditada do aramaico de Isaias Tischbi: "Outra explicação refere 'Seu fruto é doce ao meu paladar' (*Cântico dos Cânticos*, 2, 3), às almas dos justos que são fruto da obra do Eterno e que habitam com Ele nos céus. Ouça isto: Todas as almas do mundo que são fruto da obra do Eterno são, misticamente, uma só, mas quando descem para este mundo, elas são separadas em macho e fêmea, embora ainda estejam juntas. E olhe para isto: o desejo da fêmea pelo macho cria uma alma e o desejo do macho pela fêmea e o seu apegar-se a ela gera uma alma; e ele incorpora o desejo da fêmea e o absorve; e o desejo mais baixo é englobado pelo desejo mais alto e torna-se uma coisa só, sem separação. E depois a fêmea absorve tudo e é impregnada pelo macho; os desejos de ambos são unidos. E por causa disto, tudo fica unido, isto e aquilo.

"Quando as almas emergem, elas emergem juntas como macho e fêmea. Em seguida, quando descem (para este mundo) elas se separam, uma para um lado e a outra para outro e o Santo-Bendito-Seja-Ele, Ele e mais ninguém, somente Ele sabe o companheiro adequado para cada um. Feliz é o homem justo em suas obras e que caminha na senda da verdade para que sua alma encontre seu companheiro original, porque então ele se torna verdadeiramente perfeito e, por sua perfeição, o mundo todo é abençoado. E por este motivo está escrito: 'Seu fruto é doce ao meu paladar' porque Ele abençoa ao fazer um todo e o mundo todo será abençoado por causa d'Ele porque tudo depende dos atos do ser humano, se ele é justo ou não é justo" (*Zohar*, 75b).

Não quero entrar em detalhes sobre este capítulo do *Zohar*, nem é este meu principal objetivo; é óbvio que o capítulo é baseado numa citação do *Cântico dos Cânticos* e em vários capítulos do *Midrasch* acima citado. Os tópicos foram modificados do nível *midráschico* a um nível meta*midráschico* que, antes de mais nada, interpreta processos nas esferas celestes. Assim, por exemplo, Tischbi explica a primeira parte: "As almas são criadas pelo Santo-Bendito-Seja-Ele ao unir a Glória com a *Schechiná*. E da superabundância dada à *Schechiná* pelo Santo-Bendito-Seja-Ele para a criação das almas, ela diz: 'E seu fruto era doce ao meu paladar' ".

Na seção seguinte o capítulo descreve o que acontece no mundo das almas humanas como resultado dos acontecimentos nas esferas celestes. A união da Santo-Bendito-Seja-Ele (conforme a interpretação de Tischbi) dá origem à aproximação das almas que foram unidas no mundo dos espíritos. Aqueles que não são dignos, porém, podem perder o companheiro a eles assinalado, isto é, aquele criado para eles na sagrada união. Um homem em sua inteireza é aquele que volta à sua unidade emparelhada anteriormente: "ele de fato se torna perfeito". E o casal perfeito traz bênção à *Schechiná*, atraindo a bênção dela para o mundo por causa de sua união; deles a *Schechiná* diz: " 'E seu fruto foi doce ao meu paladar', o que significa que a união das almas que são obra do Eterno-Bendito-Seja-Ele me dá prazer".

Esta é a explicação harmoniosa do ideal erótico que liga a perfeição criada nas esferas celestes com a perfeição entre homens e mulheres. Num mundo criado na ordem correta, todas as espécies deveriam ter existido em pares permanentes, mas o pecado de Adão e Eva causou uma ruptura nesta ordem harmoniosa. O encontro das almas separadas está ligado a inúmeras dificuldades neste mundo. Somente aqueles cujos atos são louváveis podem ser abençoados encontrando seu antigo companheiro, sem sofrimento, com a ajuda do Santo-Bendito-Seja-Ele.

Este mito é o fundamento do nosso conto e é mais importante que todos os textos implícitos, tanto na meta-história da introdução quanto no próprio relato. O mito determina que a união ideal é o estado desejado, enquanto a condição imperfeita é o estado do mundo. A narrativa em si não conta uma história fora do comum; ela reflete uma dada situação, a necessidade de corrigir esta situação cria o eterno anseio por harmonia que caracteriza todas as almas "abandonadas" *(agunot)*. A música órfica de Ben Uri, uma ordem social que cria uniões impróprias, o conflito entre arte e realidade — todos estes são obstáculos necessários que o mito atravessa antes de concretizar-se, um mito que alude a uma desejada harmonia mas aponta para a realidade da desarmonia. Basicamente, este é o mito das expressões dominantes da agonia e da ironia românticas (conforme Northrop Frye); o sofrimento das almas solitárias que não conseguem achar seus parceiros, e a ironia criada pelo abismo entre o anseio e as aspirações frustradas. Cheio de misticismo, o mito recria a conexão interna entre a narrativa introdutória e o conto em si, a conexão entre o paradigma que engloba um metaparadigma e o sintagma que é a concretização do paradigma incorporando a base mítica daquele mesmo paradigma.

VIII

O desentranhamento do conto em si é a parte mais interessante e importante e estabelece a conexão entre o conto em si e tudo o que emerge do paradigma implícito da narrativa introdutória baseada no mito cabalístico das uniões. O desenrolar do fio da meada começa com o casamento de Ezequiel e Dina, embora ela tenha confessado ao rabino o incidente da Arca.

O dito dos Sábios, "Quando uma pessoa toma uma esposa, todos os seus pecados desaparecem", por causa do qual o rabino absolve Dina, após ouvir sua confissão, não se realiza no tempo de sua vida. A união não é consumada ("E nenhum deles aproximou-se do outro durante aquela noite"); o casamento não é efetivado porque as duas almas não eram destinadas uma à outra, e cada uma delas era destinada a outro. O contrato de divórcio apresentado pelo rabino nada mais é do que a expressão *haláchica* do que realmente existe na vida cotidiana do casal. A união das duas almas que não eram destinadas uma para a outra fracassa e cria uma barreira que faz com que a comunidade, instada pelo rabino, aceite a responsabilidade pela ruptura do que aconteceu.

A narrativa introdutória e o fundamento mítico criam uma ligação entre o conto e a vida da comunidade. A desarmonia erótica é a desarmonia entre segmentos da comunidade (a Terra de Israel e a Diáspora) e provoca o rompimento das possibilidades de redenção da comunidade: "Não demorou que o Ilustre Ahiezer deixasse Jerusalém com sua filha. Ele havia falhado em lá estabelecer-se; seus desejos não haviam prosperado".

O rabino que, ao que parece, é responsável pelo fracasso da ordem conjugal, aceita a responsabilidade pelo fato de as normas da comunidade (a filha de um homem rico destinar-se a um estudioso), terem causado o fracasso da união das almas (a atração erótica da mulher pela figura órfica). Ben Uri também foi exilado para um lugar estranho porque também ele participou do fracasso da união das almas ao preferir o substituto da mulher (a substituição da alma pela obra de arte) à mulher de verdade. E assim, todas as personagens tornaram-se *agunot,* tendo perdido seus devidos parceiros e lugares. Até o rabino torna-se uma alma solitária procurando aquilo que será devolvido ao mundo e foi perdido por sua causa ou por causa da comunidade. Todas as histórias do rabino no epílogo são histórias de um estranho cunho messiânico: a procura de um jovem pintor que seria a reencarnação de Ben Uri; caminhar pelo mar sobre um lenço vermelho com uma criança nos braços; ou olhar nos olhos de crianças na casa de estudos. Quem quer que se imponha a "obrigação do exílio", está procurando por um caminho para sair do estado de exílio, enquanto levanta os olhos à procura de uma solução messiânica que trará a redenção para todo o mundo. "Não toque nos meus messias. Eles são os infantes da casa de estudo" (*Talmude de Jerusalém,* 119,3). A nível literal do relato em si, é possível compreender a procura pela criança perdida, como a tentativa do rabino, como representante da comunidade, de expiar seu pecado, pois tendo colocado um obstáculo à união, impediu a criança que poderia ter sido o messias, de vir ao mundo. No nível metafórico, o obstáculo no caminho da união cria a desarmonia cósmica que retardou a redenção e aumentou o peso da Diáspora na vida da nação.

IX

É importante enfatizar que não há paralelos diretos entre o paradigma da narrativa introdutória ou o paradigma mítico que funciona como o fundamento de toda a histórica e o relato em si. A história das uniões que falharam como conseqüência das normas da sociedade, e também porque a arte órfica do artista prevaleceu sobre o artista como ser humano, subsiste por si só e é uma história romântica das almas solitárias que habitam o mundo porque ainda não acharam seus devidos parceiros e lugares (Terra de Israel e Diáspora). O conto também é uma espécie de concretização da vivência do autor que se identificou com a essência da narrativa. O autor identificou-se, por assim dizer, com uma figura romântica perdida entre o exílio e a redenção, entre a Terra de Israel e a Diáspora, sugerindo o caráter marcado por uma eterna busca erótica que nunca encontra sua realização.

Por outro lado, a narrativa introdutória e o mito básico na sua relação intertextual, enfatizam ser o conto a concretização de um trágico paradigma. É o paradigma do texto ou do pseudotexto da literatura sagrada que liga os atos do povo de Israel com o Senhor da Criação, ou o paradigma que liga as uniões neste mundo com as uniões no mundo das esferas. Este relacionamento realiza a ligação entre os conceitos de amor, arte, exílio, redenção, Diáspora e Terra de Israel, e conceitos tais como "o exílio da *Schechiná*", "os dias do Messias", "a *Schechiná*", "o Santo-Bendito-Seja-Ele" etc.

A complexa intertextualidade da obra de Agnon faz este conto, assim como todas as narrativas do autor, suscetíveis a uma variedade de explicações em diferentes níveis de interpretação. É uma forma de crítica que a literatura hebraica com sua histórica tradição literária de *Midrasch* baseado em *Midrasch* convida a fazer, talvez mais do que qualquer outra tradição literária. A intertextualidade nesta obra e em outras obras de Agnon não é só um recurso literário, mas é a essência literária de sua obra. Somente um autor que se declarou o herdeiro dos "poetas do Templo" e que se ocupa com a *Torá*, os Profetas, as Escrituras, a *Mischná*, as *Halachót* e as *Agadot*, pode produzir obras que supostamente continuam a literatura sagrada mas estão em direta contradição com ela. A concretização do paradigma pseudo-sagrado no conto *Agunot* é uma história de amor que existe por si só e na qual há a profanação do sagrado e a santificação do secular.

DADOS SOBRE O PROF. GERSHON SHAKED

O Prof. Dr. Gershon Shaked, Chefe do Departamento de Literatura Hebraica da Universidade de Jerusalém, veio ao Brasil a convite da Associação Universitária de Cultura Judaica e, no segundo semestre de 1985 ministrou o curso "Literatura Judaica em Línguas Européias" no Curso de Pós-Graduação em Literatura Comparada da Faculdade de Filosofia, Letras e Ciências Humanas da Universidade de São Paulo. Proferiu, também, palestras sobre Literatura Hebraica Moderna no Curso de Especialização da Área de Língua e Literatura Hebraica da mesma Faculdade.

PUBLICAÇÕES:

Sobre Quatro Contos, Jerusalém, Agência Judaica Iyumim, 1963.
Entre Riso e Lágrimas (Estudos sobre Mendele Moycher Sefarim), Massada, 1965.
Contos de J. Stenberg (Introdução, Edição e Notas), Tel Aviv, Yachdav, 1966.
Sobre Três Peças (Os Elementos do Drama), Jerusalém, Agência Judaica, Iyumim, 1968.
O Reinado de Saul — Introdução e Observações, Ed. Bialik, 1969.
O Drama Histórico Hebraico no Período do Renascimento, Jerusalém, Instituto Bialik, 1970.
Uma Nova Onda na Ficção Hebraica, Tel Aviv, Sifriat Poalim, 1971.
Se Alguma Vez Esqueceres, Ed. Eked, 1971.
A Arte Narrativa de S. Y. Agnon, Tel Aviv, Sifriat Poalim, 1973.
Sem Saída, Hakibbutz Hameuchad, 1973.
Bialik — Sua Obra aos Olhos da Crítica, Antologia Crítica, Ed. Bialik, 1974.
A Ficção na Narrativa Hebraica, 1.° volume: *No Exílio*, Hakibbutz Hameuchad, Ed. Keter, 1977.
S. Y. Agnon — Estudos e Documentos, Ed. Bialik, 1978 (em conjunto com R. WEISER).
A Vida Por um Fio — Antologia de Ficção Hebraica, Ed. Hakibbutz Hameuchad, 1982 (em conjunto com J. YARON).
Nenhum Outro Lugar, Hakibbutz Hameuchad, 1983.
A Ficção na Narrativa Hebraica, 2.° volume: *Em Israel e em Outras Comunidades*, Hakibbutz Hameuchad, Ed. Keter, 1983.
Onda Após Onda na Ficção Hebraica, Hakibbutz Hameuchad, Ed. Keter, 1985.
A Ficção na Narrativa Hebraica, 3.° volume: *Tempos Modernos*.
Autores & Público: Quatro Capítulos na Teoria da Recepção Aplicada, Tel Aviv, Universidade de Tel Aviv, 1987.